UNIVERSITÉ DE LILLE. — FACULTÉ DE DROIT.

DES CONTRATS RELATIFS AUX OFFICES MINISTÉRIELS

THÈSE POUR LE DOCTORAT

PAR

CHARLES FOUCART,
Avocat à la Cour d'Appel de Douai

Président : M. WAHL, *Professeur*.
Suffragants : MM. FEDER, *Professeur*.
JACQUEY, *Professeur*.

DOUAI
IMPRIMERIE L. & G. CRÉPIN FRÈRES, ÉDITEURS
23, Rue de la Madeleine, 23
1898

THÈSE

POUR LE DOCTORAT

FACULTÉ DE DROIT DE LILLE

ENSEIGNEMENT

MM. VALLAS (O. I. ✿), Doyen, Professeur de Droit civil.
FÉDER (O. I. ✿), Professeur de Droit civil.
GARÇON (O. I. ✿), Professeur de Droit criminel.
LACOUR (O. I. ✿), Professeur de Droit commercial.
BOURGUIN (O. I. ✿), Professeur de Droit administratif.
MOUCHET (O. I. ✿) Professeur de Droit romain.
JACQUEY (O. I. ✿), Professeur d'Histoire du Droit.
DESCHAMPS (O. A. ✿), Professeur d'Economie politique, chargé de cours à la Faculté de Paris.
WAHL (O. A. ✿) Professeur de Procédure civile.
JACQUELIN, Professeur adjoint.
PELTIER, Agrégé, chargé de cours.
COLLINET, Agrége, chargé de cours.
N....., Agrégé, chargé de cours de Droit civil.
DUBOIS, chargé de cours.

ADMINISTRATION

MM. VALLAS (O. I. ✿), Doyen.
LACOUR (O. I. ✿), Assesseur.
SANSON (O. A. ✿), Secrétaire.

DOYEN HONORAIRE

M. DE FOLLEVILLE (O. I. ✿)

SECRÉTAIRE HONORAIRE

M. PROVANSAL (O. I. ✿).

UNIVERSITÉ DE LILLE. — FACULTÉ DE DROIT.

DES CONTRATS
RELATIFS AUX
OFFICES MINISTÉRIELS

THÈSE POUR LE DOCTORAT

L'ACTE PUBLIC SUR LES MATIÈRES CI-APRÈS
sera soutenu le 16 *Juillet* 1898, *à* 10 *heures du matin*

PAR

CHARLES FOUCART
Avocat à la Cour d'Appel de Douai

Président : M. WAHL, *Professeur.*
Suffragants : MM. FEDER, *Professeur.*
JACQUEY, *Professeur.*

DOUAI
IMPRIMERIE L. & G. CRÉPIN FRÈRES, ÉDITEURS
23, Rue de la Madeleine, 23
1898

À MON PÈRE

A MA MÈRE

DES CONTRATS

Relatifs aux Offices Ministériels

INTRODUCTION

Seules, les choses qui sont dans le commerce peuvent être la matière des obligations, qui sont elles-mêmes l'objet des contrats. Tel est, sinon la lettre, du moins le sens de l'article 1128 du Code Civil. Notre titre suppose donc que les offices ministériels sont des *res in commercio*. Mais nous aurons à établir ce premier point. Car le sujet de notre travail, qui est de dénombrer et d'analyser les contrats dont sont susceptibles les offices, est uni à cette première proposition par les liens d'une connexité si intime, que nous ne pouvons la considérer comme un postulat. C'est seulement ensuite que nous étudierons les contrats relatifs à notre matière.

Bien qu'on puisse aujourd'hui parler de commerce des offices, sans employer une expression juridiquement fausse, la vénalité actuelle diffère de l'ancienne par plus d'un côté. Si par vénalité on se borne à entendre la qualité d'une chose qui se vend, sans chercher à préciser davantage cette définition, nous sommes encore sous le régime des offices vénaux. De nos jours, les charges d'avoué, de notaire etc., s'achètent, et souvent même assez cher. Leur cote actuelle est généralement élevée, si bien qu'on pourrait croire encore permanente la cause « d'enchérir » les offices du temps de Loyseau, et que l'*Archomanie* n'est pas tout-à-fait disparue de nos mœurs (1).

Il y a du reste des ressemblances, soit dans le fond, soit dans l'apparence, entre l'ancienne vénalité

(1) «.. Le mot d'ambition est désormais trop doux, bien qu'inventé exprès par les Romains, pour signifier le désir immodéré des offices : il en faut forger un autre, et l'appeler *Archomanie*, fureur d'offices. Est-il pas vrai que nous nous opiniastrons désespérément contre nostre pauvreté, contre la cherté, le mauvais traitement, le hazard, et le peu d'employ qu'il y a maintenant és offices ? que toutes ces incommoditez ne servent qu'à irriter nostre appétit, qu'à chatoüiller nostre ambition, qu'à éveiller nostre folie ? Le coust nous en augmente le goust : plus on taxe hault les résignations, plus nous sommes aspres à y prodiguer et profonder nostre argent...» Loyseau, Offices, liv. III, chap. 1.

et la présente, mais bien des traits nouveaux distinguent le système actuel du régime aboli, et sans doute, dans l'ensemble il y a progrès.

Pour mieux faire ressortir les caractères qui distinguent le commerce des offices en pratique aujourd'hui, de la vénalité telle qu'elle a été instituée à Rome et dans notre ancien droit, nous grouperons les différences sous deux chefs principaux. Mais nous ne ferons de cet aspect de la question qu'un très bref exposé, car cet historique n'est pas l'objet direct de notre étude.

Le premier point à l'égard duquel la nouvelle vénalité se différencie de l'ancienne, c'est l'étendue accordée à l'institution.

Aujourd'hui les offices vénaux ne comprennent que les charges des officiers publics dont voici l'énumération : les avocats au Conseil d'Etat et à la Cour de Cassation, les notaires, les avoués, les greffiers, les huissiers, les agents de change et les commissaires-priseurs (1).

Certains de ces officiers publics sont appelés plus proprement *officiers ministériels*. D'après M. Garsonnet (Traité Proc., t. I, § XCVI), « les officiers ministériels sont des fonctionnaires publics institués

(1) L'article 91 de la loi du 28 avril 1816 avait érigé en office la profession de courtier; les offices des courtiers de commerce on été supprimés par la loi du 18 juillet 1866.

pour le service de la justice, dont on est tenu d'emprunter le ministère, et qui ne peuvent le refuser quand ils en sont légalement requis. » Ces officiers publics qui participent à l'administration de la justice sont : les avocats à la Cour de cassation et au Conseil d'Etat, les huissiers, les avoués, les greffiers, et, du moins d'après la classification suivie en pratique, les notaires. Cependant on a contesté aux greffiers le titre d'officiers ministériels (Morin, Discipline, t. I, p. 103) ; on a même soutenu qu'ils n'étaient pas des officiers publics. Mais cette opinion n'est pas ordinairement partagée.

Les termes de *fonctionnaire public, d'officier public, d'officier ministériel*, peuvent être, d'après l'ordre de leurs extensions respectives, distribués en genres et en espèces. Le fonctionnaire public forme un genre dont l'officier public est une espèce, et ce deuxième terme devient générique à son tour *parte in qua*, par rapport à *l'officier ministériel*.

Nous n'examinerons pas les différences doctrinales ou pratiques qui peuvent séparer les officiers ministériels proprement dits des autres officiers et fonctionnaires publics. Il est vrai que l'analyse juridique doit attacher quelque scrupule à distinguer minutieusement ces trois catégories de personnes, fréquemment confondues par les habitudes du langage.

Les auteurs signalent un certain nombre d'hypothèses, dans lesquelles cette division tripartite a eu jadis ou peut avoir encore son utilité. Mais nous ne pouvons ici qu'indiquer cette question, dont la difficulté consiste à découvrir le criterium, au moyen duquel on attribuera aux uns une qualification qu'on devra dénier aux autres. Sous le bénéfice des réserves que nous venons de faire au sujet de la terminologie de la matière, nous confondrons volontairement dans la suite, pour la commodité du style, les *officiers ministériels proprement dits* et les autres *officiers publics* dont les charges sont vénales, sous la dénomination unique d'*officiers ministériels*. Cette confusion est d'ailleurs d'un usage courant dans la pratique, au point de vue de la vénalité.

Ces différents officiers ne furent point complètement inconnus à Rome. Mais les charges qui, dans la société romaine, correspondaient plus ou moins aux diverses fonctions que nous venons d'énumérer, ne leur ressemblaient guère au point de vue de la vénalité. Il existait bien une classe de fonctions publiques, qualifiées dans le monde romain de *militiae venales*, qui, soit dans le droit public, soit dans le droit privé, étaient régies par des règles fort semblables et parfois même identiques à celles qui gouvernent la transmission des offices modernes.

Mais les fonctions afférentes à nos offices ministériels ne furent pas alors uniquement celles des titulaires des milices vénales, dont le plus grand nombre jouissaient d'attributions administratives auprès du Prince ou de ses principaux représentants dans les diverses parties de l'Empire ; quelques-unes d'entre elles étaient exercées par des personnes non titulaires de milices, (1) de sorte qu'ici l'analogie entre les *militiae venales* et nos offices ministériels disparait.

Dans l'histoire des offices vénaux à Rome, l'extension de la vénalité varie suivant le sens qu'on attache à ce terme. Si on ne veut pas entendre par ce mot la brigue des suffrages (*ambitus*) (2), qui, de vieille

(1) Ces officiers s'appelaient : les avocats, *advocati, jurisperiti, jurisconsulti, pragmatici*, s'ils donnaient des consultations juridiques, et *causarum patroni, causidici, oratores*, s'ils étaient avocats plaidants ; les avoués, *procuratores, cognitores* ; les huissiers, *præcones*, quand ils étaient audienciers, *viatores* ou *executores*, quand leur office consistait à citer les parties en justice et à exécuter les sentences du juge ; les greffiers, *scribæ* ; les notaires, *tabularii* ; les courtiers, *proxenetae*, et les commissaires-priseurs, *auctionatores*. Seuls les agents de change paraissent ne pas avoir d'ancêtres romains. Bien que le *collybus* fut pratiqué à Rome, on ne rencontre dans les documents de l'antiquité romaine rien qui permette de leur reconnaître une aussi ancienne origine.

(2) Le mot *ambitus* vient d'une pratique très ancienne, à laquelle sacrifièrent à Rome les premiers aspirants aux fonctions électives (Macrob., Saturn., I, 14). Le candidat se promenait au Champ de Mars ou sur le Forum autour des électeurs qui venaient y conférer de la chose publique (Varron, De lingua lat., 5, 28 : « *Qui populum candidatus circum it, ambit aliter atque decet ambit* : ».) Il serrait

date, se pratiqua dans la société romaine, et dont les procédés, d'abord fort tolérables dans leur naïveté primitive, s'avilirent de plus en plus avec la décadence des mœurs républicaines ; si on refuse aussi de comprendre dans la vraie vénalité la pratique des *suffragia* (1), qui fut une des tares de l'Empire comme l'*ambitus* avait gangrené la République, il ne reste plus que cette catégorie particulière de charges,

la main de chacun *(prensabat)*, en lui demandant son suffrage ; Cic. Ad Attic., I, 1, 1 ; De orat., I, 24, 110. Ces tournées électorales, avec distributions de poignées de mains, se faisaient, selon la coutume, pendant un an environ avant le jour du scrutin. Ainsi Cicéron commença l'*ambitus* et la *prensatio* le 17 juillet 689 ; il fut élu en juillet 690. V. Mommsen, Handb., 2e édit., t. 1, p. 481, note 3. On ne trouvait pas blâmables les brigues qui n'anticipaient point sur ces limites tracées par l'usage ; elles n'étaient taxées de corruption électorale que lorsqu'elles étaient prématurées, (Cic., Ad famil., X, 25, 2). Pour promener sa candidature, celui qui se présentait au choix de ses concitoyens avait l'habitude de revêtir une toge blanchie à la craie *(candida toga*, Tit. Liv., XXXVII, 57 ; Val. Max., III, 5, 1 ; IV, 5, 3 ; Tit. Liv., IV, 25), dont l'éclat attirait sur lui l'attention des électeurs. Bientôt ces réclames parurent trop anodines. Vers la fin de la République, les *competitores*, pendant la période électorale, mettaient tout en œuvre pour la captation des suffrages. Fêtes données au peuple, banquets publics (Cic., Pro Murena, 29 et 36), trafic des voix dans les *tabellae*, sorte de tente où le candidat recevait les rapports de ses agents électoraux et leur donnait ses ordres, (Varron, De re rustica, III, 2, in initio ; Dezobry, Rome au Siècle d'Auguste, t. 2, p. p. 24 et 461), toutes les manœuvres, les plus naturelles comme les plus éhontées, étaient bonnes pour se concilier la popularité.

(1) Sous l'Empire, on appelait *suffragia* les sommes d'argent que les candidats aux fonctions publiques donnaient aux courtisans dont on briguait la faveur ou à l'Empereur lui-même. V. Nov. VIII, cap. 1, 7, et Nov. XXIX, cap 2.

appelées milices, à laquelle on puisse comparer les *estats* de l'ancienne monarchie ou les offices ministériels de notre droit moderne.

Quoique les milices soient d'une origine antérieure, c'est du règne de Constantin (306-337), par conséquent de la première moitié du IVe siècle que date leur véritable organisation. Dans son acception primitive, le mot *militia* désignait les divers grades militaires et tout ce qui concernait le service des armes. Pour des raisons que nous n'avons pas à rechercher ici, ce terme perdit sa signification technique primitive, et revêtit le sens nouveau de fonction publique, d'office civil. La conséquence fut qu'on distingua alors à Rome deux sortes de milices : la milice armée *(militia armata)* et la milice civile *(militia civilis)*.

Cette seconde classe se subdivisa à son tour : « *Rursus civilis Militia triplex fuit : Palatina nempe*, qui comprenoit les officiers de la maison de l'empereur, que nous avons retenüe seule en France (1), et des Gouverneurs des provinces: *Togata seu forensis*, qui étoient les Jurisconsultes et les Avocats : et *Literata*, qui étoient les Secrétaires et

(1) La militia palatina comprenait à peu près les mêmes charges qui étaient désignées sous l'ancien régime par les noms de vénerie, de fauconnerie, de sommellerie, de panneterie, etc.

Officiers de la plume *qui militabant in quatuor scriniis scilicet memoriae, epistolarum, libellorum et dispositionum.....* » (2)

Les titulaires de ces charges en furent d'abord gratuitement pourvus. Puis les empereurs, par bienveillance, permirent à certains de ces officiers de transmettre en mourant leurs offices à leurs femmes et à leurs enfants, qui purent dès lors présenter Prince un candidat auquel il attribuait les fonctions de l'officier décédé. Cette première faveur fut plus tard suivie d'une seconde. Les officiers finirent par être autorisés à disposer eux-mêmes de leurs milices. Mais les titulaires des milices continuèrent d'être soumis à la double règle de recevoir leurs pouvoirs des mains du Souverain, et de ne les conserver qu'autant qu'il les en considérait dignes.

Comme offices vraiment vénaux, on ne rencontre dans l'histoire des institutions romaines que les *militiae venales*.

C'est surtout dans l'ancien droit que la vénalité étendit le plus loin son domaine. Loyseau dans son *Traité des Offices*, qui est l'ouvrage classique sur la matière, nous donne la classification suivante : au point de vue qui nous intéresse, il partage les offices

(2) Loyseau, Offices, liv. I, chap. I, n°s 44 à 48 incl.

en offices *héréditaires*, offices *vénaux*, offices *non vénaux*. Comme le fait remarquer M. Garsonnet (1), dans son Traité de procédure, il importe de ne pas se tromper sur le sens de ce passage. Cette distinction était presque entièrement théorique, et les offices non vénaux se vendaient comme les autres, avec cette seule différence que la vénalité était de droit dans les uns et de pure tolérance dans les autres. En réalité il y avait si peu d'offices tout à fait non-vénaux que Loyseau pouvait écrire sans trop d'exagération : « Diogènes n'estoit pas plus empesché à trouver un homme en une grande assemblée avec sa lanterne, que je me trouve embesogné parmy le grand nombre de nos offices, de trouver un office qui soit tout-à-fait non-vénal (2). Le commerce des offices ne fut jamais plus florissant ; presqu'aucun emploi public n'était exempt de sa puissance. Or, les charges analogues à nos offices ministériels, et qui s'appelaient alors *offices de justice*, n'occupaient qu'une place infime dans cette immense hiérarchie. Les officiers ministériels (3) d'alors figuraient dans la

(1) Garsonnet, Traité procéd. t. I, § XLVII.

(1) Loyseau, Offices, liv. IV, ch. I, n° 1.

(2) Les greffes, tabellionnages et notariats étaient, en tant qu'offi e., les plus anciens. Baillés a ferme à la fin du Moyen-Age, ils avaient été vendus à faculté de rachat en 1521. Les huissiers-priseurs avaient été érigés en titre d'office en 1556 ; les procureurs en 1572 ; les agents de change et courtiers de commerce en 1595 ; les avocats aux Conseils du Roi en 1643.

deuxième classe, celle des offices vénaux, à côté des officiers de finance ; à l'exception seulement des notaires et des greffiers, dont les offices étaient en grande partie revenus domaniaux, et appartenaient à la première classe, celle des offices héréditaires.

Nous avons indiqué que la seconde différence essentielle entre les offices vénaux d'aujourd'hui et ceux des institutions romaines ou de l'Ancien Régime, résidait dans la nature même de la vénalité.

Le chapitre suivant nous réserve une conjoncture propice pour mettre ce point en lumière.

La vénalité moderne se manifeste dans une série de contrats, dont le dénombrement et l'analyse forment le sujet de cette thèse. L'ordre des deux parties de notre travail ayant été marqué dès le début de cette introduction, nous abordons immédiatement la première question.

PREMIÈRE PARTIE

Les offices sont-ils des choses placées dans le commerce?

Pour pouvoir former l'objet d'une obligation une chose doit présenter les conditions suivantes :

1° être *in rerum natura*, c'est-à-dire exister ;

2° constituer un objet certain, c'est-à-dire déterminé ou déterminable ;

3° être dans le commerce.

L'office dont nous voulons démontrer l'aptitude à devenir l'objet d'une obligation, réunit évidemment les deux premières conditions, et nous n'insisterons pas à cet égard, mais peut-il y adjoindre la troisième?

On dit qu'une chose est dans le commerce quand elle est susceptible de faire l'objet du droit que les parties veulent établir sur elle à l'aide de la convention.

Une chose peut être hors du commerce : soit à raison de sa destination, comme les choses faisant partie du domaine public ;

Soit par des considérations d'ordre public : telles sont, par exemple, les substances vénéneuses, dont la vente n'est autorisée qu'avec d'importantes restrictions (loi du 19 juillet 1845), les successions futures (art. 791, 1130 C. Civ.)

Soit à cause de sa nature, comme l'air, la mer....

C'est cette dernière raison qui, à ce qu'il nous semble, pourrait, plus que toute autre, mettre l'office hors du commerce.

Qu'une fonction publique ne puisse être dans le commerce à raison de sa nature, c'est ce qui ne peut faire aucun doute. Le titulaire de cette fonction n'a sur elle aucun droit, au sens juridique du mot ; dès lors, comment pourrait-il transmettre à une autre personne un droit quelconque sur sa fonction. On dit quelquefois, en langage commun, il est vrai, d'un officier militaire, qu'il est propriétaire de son grade, d'un fonctionnaire inamovible, qu'il a l'usufruit de la fonction. Mais ce sont là des expressions qu'il ne faut pas prendre à la lettre ; elles ne correspondent à aucune réalité juridique. Entre une fonction publique et son titulaire, il ne saurait y avoir aucun droit de propriété ou d'usufruit, aucun rapport de droit civil. C'est qu'une telle fonction est une portion déléguée de la puissance publique. Il se peut que certaines fonctions, au lieu d'être révocables à la volonté du prince, reçoivent, dans le but de garantir la liberté des citoyens, une certaine consolidation entre les mains de ceux qui les détiennent, mais outre que cette irrévocabilité n'est jamais entière, elle ne peut aboutir à la création du moindre droit, selon le sens qui seul nous intéresse ici, au profit du fonctionnaire inamovible. Il y a dans tout droit un caractère *particulier* qui ne peut, rationnellement, s'imprimer sur une chose déjà marquée d'un caractère *public*. Aussi l'antinomie est-elle irréductible entre l'idée de puissance publique et et celle de propriété. Qu'en fait, ces deux idées contradictoires aient été confondues, il ne s'ensuivra pas que la vérité historique soit conforme à la vérité rationnelle et juridique. Mais il n'est même pas certain que cette manière d'envisager la puissance publique soit conforme à la vérité historique, et de bonnes raisons feraient, sur ce point, adopter une opinion contraire.

Dans Laferrière (Essai sur l'Histoire du droit, tit. 1, p. 326), nous lisons : « L'idée de propriété... était fondamentale dans la féodalité.... La royauté, parvenue à un point culminant, ne s'est pas regardée seulement comme un pouvoir s'exerçant au nom de la société, elle s'est regardée comme propriétaire de la puissance souveraine : et ce dogme politique de la propriété, né de la tradition féodale, est entré dans la conscience publique. Les jurisconsultes des XVIe et XVIIe siècles reconnaissaient cette propriété *en droit* : Loyseau, l'un des plus profonds jurisconsultes français et des esprits les plus indépendants de son temps, disait, dans le *Traité des Offices* : « Les rois de la terre ont prescrit la propriété de la puissance souveraine, et l'ont jointe avec l'exercice d'icelle ; ils ont en perfection la propriété de toute puissance publique. » De là cette grave conséquence : c'est que le roi étant réputé propriétaire de la souveraineté, du gouvernement et de l'action administrative conquise sur la féodalité, toutes les fonctions tendant à produire au dehors cette action, cet exercice partiel de la puissance royale, ont été réputées faire partie du domaine de l'Etat : ces fonctions possibles ont composé la partie du domaine appelée le domaine incorporel de la couronne : elles sont devenues des biens nouveaux, immobiliers, aliénables, susceptibles de prix et d'hypothèque, de transmission et d'hérédité. . . » Mais ce n'est pas ainsi qu'il convient d'entendre le principe que les rois « ont en perfection la propriété de la puissance publique ». Loyseau ne l'admettait nullement dans un sens absolu ; après avoir émis cette proposition (Liv. II, ch. II, n° 28), il la précise en ces termes : « Néanmoins il est vray que les Roys ont encore plus de marque et de proprietez d'officiers que de seigneurs, » et, après avoir exposé les motifs pour lesquels les royaumes ne sont pas tout-à-fait patrimoniaux, il termine en disant : « Bref, de toutes ces raisons, il appert que les monarchies sont plus offices que seigneuries ». Liv. II, ch. II, n°s 35 à 42.

Ainsi, au temps où l'idée de la propriété était la plus dominante et la plus compréhensive, celle de la puissance publique lui était déjà réfractaire, au moins jusqu'à un certain point. Aujourd'hui l'essence de chacune de ces notions est suffisamment dégagée, pour que leur antinomie ne puisse plus entrer en discussion. A peine est-il besoin d'ajouter que si, entre les mains de celui qui en est le représentant et le dispensateur, la puissance publique ne peut pas constituer l'objet d'une propriété ou d'un droit civil quelconque, comment ceux qui ne l'exercent que par délégation et par l'effet d'une investiture pourraient-ils acquérir un droit sur la portion de cette puissance qui leur a été conférée !

De ce qui précède il résulte que, si l'office ministériel, qui certes est une fonction publique, l'était purement et exclusivement, il faudrait en conclure que cet office n'est pas une chose placée dans le commerce, et, si en fait il en était autrement, il conviendrait d'appliquer à une semblable pratique ce que Loyseau disait de la vénalité des offices de son époque : « . . . Je n'estime pas qu'il y ayt rien en nostre usage plus contraire à la raison, que le commerce et vénalité des Offices, qui préfère l'argent à la vertu en la chose du monde, où la vertu est plus à recercher et l'argent plus à rejetter....... Supposé donc, que de cette injuste vénalité des Offices procède leur droict et condition, en tant que c'est la vente qui les fait nostres, et les met au rang de nos autres biens (*Nam quod emas possis dicere jure tuum*), il s'ensuit que de vouloir régler par raison le droict des Offices, c'est cercher de la raison où il n'y en a point, et establir un droict à ce qui est establi contre le droict.... Que si lors qu'il fut question de faire une coiffe à la Lune il ne se trouva point d'ouvrier, qui voulust entreprendre de la tailler, dit Plutarque, pour ce que la Lune change journellement de forme ; est-ce pas une grande entreprise, de vouloir accommoder un droict au commerce des Offices, qui dépendant de la fantaisie, voire frenaisie du peuple, n'est guères moins suject à changement que la Lune ? »

Si l'office ministériel ne comprenait pas d'autres

éléments que ceux qui sont constitutifs de la fonction publique, l'interprétation de la loi du 28 avril 1816, donnée par M. le Garde des Sceaux Pasquier, dans sa circulaire du 21 février 1817, serait d'une exactitude absolue, et l'on devrait, avec lui, ne voir dans la disposition de l'art. 91 qu'une *condescendance*, une *probabilité de préférence* accordée aux officiers ministériels.

Mais nous allons voir que la notion d'office ministériel n'est pas formée d'un élément unique ; elle est au contraire composite, et, dans sa complexité, elle allie des éléments assez hétérogènes, dont la cohabitation ne réalise pas toujours une parfaite harmonie. Le second élément que nous allons indiquer est précisément celui qui communique à l'office le caractère de chose placée dans le commerce, et le rend par suite apte à devenir l'objet d'une obligation. C'est à la faveur de cette analyse, que nous aurons l'occasion, annoncée plus haut, de constater une des différences essentielles qui séparent la vénalité d'aujourd'hui de celle d'autrefois.

L'élément nouveau que nous faisons intervenir, c'est la *clientèle*, qui est attachée à tout office ministériel.

Mais avant d'examiner quelle influence il exerce actuellement sur la situation juridique de l'office, remontons jusqu'à l'ancien droit, et voyons quelle était son importance dans les charges qui étaient les offices ministériels d'alors, c'est-à-dire les charges des officiers qu'on appelait en ce temps *ministres de justice*.

Il est intéressant de suivre le rôle que cette partie a joué sur le tout, aux trois grandes époques de la vénalité, sous l'Ancien Régime, pendant la période dénommée, en matière d'offices, période du Droit intermédiaire (4 août 1789 à 28 avril 1816), enfin, à partir de la promulgation de la loi du 28 avril 1816. On se rend ainsi assez bien compte des variations qui ont peu à peu transformé le concept que nous étudions en ce moment.

CHAPITRE I

Eléments de l'office ministériel dans l'Ancien Droit

Les greffes, les notariats, c'est-à-dire les offices ministériels d'autrefois, étaient appelés offices domaniaux.

Avant de devenir domaniales — nous verrons tout-à-l'heure ce qu'il convient d'entendre par cette expression — ces charges avaient revêtu un caractère qui avait singulièrement facilité la transition. Elles avaient été d'abord patrimoniales. Dans les temps troublés du Moyen-Age, la confusion s'était faite entre le droit de juger, *justitia*, et l'ensemble des profits de justice perçus par les *justitiarii* La juridiction comme ces perceptions étaient indistinctement affermées et vendues. « Cet abus, rapporte Loyseau, fut introduit par l'avarice des ducs et comtes, qui, ayans rendu leurs offices patrimoniaux, et les ayans convertis en seigneuries, non seulement se déchargèrent d'exercer eux-mesmes la justice, mais aussi convertirent cet exercice et les émoluments d'iceluy en fermes patrimoniales. » (1)

Le passage de la patrimonialité à la domanialité se fit en partie par la réunion de certains duchés et comtés à la couronne. Les rois ne manquèrent pas de trouver avantage à continuer la coutume suivie par les ducs et comtes, dont ils prenaient les héritages. Quant aux charges inférieures de justice restées attachées aux domaines des seigneurs qui ne vinrent pas grossir le domaine de la couronne, la royauté trouva cependant le moyen de les atteindre indirectement. En 1319, les greffes et tabellionages, qui participaient aux profits de justice furent réintégrés dans le domaine royal par Philippe-le-Long. En même temps, il décida qu'ils « seroient dorénavant vendus par enchères à bonnes gens et convenables » (2). Cette vente n'était en réalité qu'un bail à ferme au plus offrant et dernier enchérisseur (3). Ces charges, d'abord baillées à ferme comme droits domaniaux, et non pas conférées à titre d'office, furent plus tard, en 1566, vendues avec faculté de

(1) Loyseau, Liv. III, chap. I, n° 70.
V. aussi Henrion de Pansey, Autor. judic., p. 158.
(2) Loyseau, Off., Liv. III, ch. VII n° 5.
(3) Loyseau, eod. loc., n° 6.

rachat, lorsque les rois, pressés par la nécessité des guerres, inventèrent ce mode d'aliéner leur domaine ; enfin elles furent déclarées héréditaires en 1580, par Henri III.

Voyons quelle était la nature de ces offices.

Leur domanialité consistait en ce qu'ils avaient tout ensemble, comme le dit Loyseau, « la nature d'office, et de domaine aliéné, pource que la function personnelle, en laquelle ils consistent formellement, leur conserve le nom et l'estre d'office, et d'ailleurs ils consistent matériellement en certains droicts du Roy, qui sont aliénez aux particuliers à faculté perpétuelle de rachat, sous ce spécieux tiltre d'office, tant appelé en ce siècle :............ ils sont offices en la forme, et domaine en la matière : offices à l'égard de leur function publique, domaine à l'égard de leur revenu et propriété » (1).

Deux éléments sont donc à distinguer tout d'abord : le domaine et l'office.

Ces deux natures d'office et de domaine, pour employer les expressions de Loyseau, sont tout-à-fait distinctes et séparables. Le propriétaire de l'office domanial pouvait remplir lui-même la fonction publique qui y était attachée, mais il pouvait

(1) Loyseau, liv. II, chap. IV, n° 1.

tout aussi bien en laisser l'exercice soit à un fermier, soit à une personne commise gratuitement. Il en résultait que de tels offices pouvaient être possédés par des femmes ou des mineurs. Autre conséquence : Si celui qui se présentait pour exercer n'était pas « reçu », le refus dont il était l'objet n'entraînait pas vacation. Ainsi que le dit Loyseau « le propriétaire et le fermier pouvaient bien être privez et déclarez incapables de l'exercice d'iceux mais non de la propriété ». En résumé, l'office domanial était assimilé presque complètement à un immeuble ordinaire. Le seul droit conservé par le roi, c'était la faculté de rachat.

De son caractère d'office, c'est-à-dire de fonction publique, il résultait seulement que l'office domanial ne pouvait être *exercé* que par une personne qui avait été *reçue*, et avait prêté le serment en justice, la réception seule pouvant faire un officier.

On voit donc que l'élément « *domaine* » l'emportait sensiblement sur l'élément « *office* », et influait sur la nature générale de l'office domanial d'une manière prepondérante.

Ce caractère domanial différenciait les offices domaniaux des autres offices vénaux et héréditaires, et rendait à peu près inutile la distinction classique du titre et de la finance.

A côté des deux éléments que nous venons d'indiquer, il y en avait dans certaines charges domaniales un troisième, qui exerçait sur la nature de l'office la même influence que l'élément domaine. C'était ce qu'on appelait alors « la pratique ».

Pothier donne le nom de pratique « à toutes les dettes actives de l'étude, c'est-à-dire aux créances de notaires pour raison des actes qu'ils ont passés, et à celles des procureurs pour raison des instances qu'ils ont poursuivies(1) ». Brillion est plus explicite « La pratique des procureurs.... consiste dans l'amas confus, ou si vous voulez, dans un assemblage bien symétrisé de sacs, papiers, dossiers, procédures de toute espèce, bonnes ou mauvaises, inutiles ou nécessaires. » (2)

A la différence de l'office, la pratique était meuble, et elle était généralement régie par les règles établies pour les meubles. Elle pouvait être vendue soit conjointement avec l'office soit séparément (3). Mais la vente était soumise à deux restrictions assez singulières. Le prix ne pouvait être supérieur à l'estimation

(1) Pothier, Communauté, n° 93.
Merlin, Rép., V° Biens, § II.
Id. V° Procureur ad lites, XIV.
(2) Brillion, Dict. des Arrêts, t. 5, p. 285, n° 1.
(3) Pothier, Communauté, n° 92.

faite par deux anciens procureurs (1). Un arrêt de règlement du 14 août 1691 défend aux clercs de procureurs de se rendre acquéreurs d'une pratique, donne à ceux qui en ont acheté une, un mois pour se faire pourvoir d'une charge, et défend à tous procureurs de signer pour des acquéreurs de pratiques à peine de 300 livres d'amende (2).

L'élément « *domaine* » et l'élément « *pratique* » combinés, contribuaient à faire des offices domaniaux une chose placée dans le commerce.

La clientèle ou la pratique que chacun de ces officiers a pu se former par ses capacités et par la confiance qu'il inspire, présentant la plus grande analogie avec l'achalandage d'un fonds de commerce, les offices domaniaux, en réalité, n'étaient autre chose que des fonds de commerce d'une nature particulière (3).

(1) Arrêt de 1714.

(2) Brillion, eod. tit, t. 2, p. 194; Merlin, Rép. V° Procur. ad lites, XIV. Sur d'autres règles relatives à la pratique, v. aussi arrêt 28 mai 1621, Brodeau sur Louet, lettre E, somm. 2, n° 8.

(3) Wahl, note dans Sirey, 1892, 2. 289.

CHAPITRE II

Eléments de l'office ministériel dans le Droit intermédiaire.

Avec la Révolution, la notion de l'office dont nous poursuivons l'historique, se modifie profondément. Les offices ministériels n'échappent pas à la rénovation générale ; leur nature est remaniée et accommodée aux nouveaux principes.

Des trois éléments dont se composait l'office ministériel de l'ancien droit, deux seulement subsistent : la pratique, et l'office proprement dit ou fonction publique, auquel d'ailleurs passe la prépondérance.

L'office perd son caractère domanial. Cette disparition était inévitable ; le domaine du roi devenant le domaine de la nation, toute fraction du domaine royal jadis détachée, devait rentrer dans le domaine aujourd'hui nationalisé. Le changement de maître, à la tête du domaine, emportait toutes les aliénations qui en avaient été consenties. Le maintien de ces aliénations eut été d'autant moins possible que le nouveau maître n'était plus une personne unique, mais la nation tout entière, et qu'on n'aurait pu admettre que ce qui appartenait à tous fût laissé à un seul ; les anciens profits de justice, qui étaient jadis les revenus du domaine royal, étaient devenus des deniers publics perçus au nom et pour le compte du Trésor de la nation. Mais la raison principale qui explique la disparition du caractère domanial, autrefois la qualité prééminente de l'office, fut surtout l'idée nouvelle qu'on se faisait de la puissance publique. Autrefois l'idée de domaine s'était naturellement appliquée au droit de percevoir les profits de justice, comme au droit de rendre la justice, en un temps où la puissance publique, d'un bout à l'autre de ses ramifications, n'était pas conçue autrement que sous la forme de la propriété. Mais les siècles, qui succédèrent au Moyen-Age, avaient peu à peu épuré et rétabli la vraie nature de la notion de l'Etat. Cette confusion de la puissance publique et de la propriété est un des traits les plus caractéristiques de la féodalité. A la fin du XVIIIe siècle, la domanialité d'une charge ne se comprenait plus ; elle apparaissait comme une idée essentiellement féodale, et participait à la détestation dont toute idée taxée de féodalité était l'objet, au berceau du nouveau droit public.

Affranchi de l'élément domanial, la « *nature d'office* » acquiert toute sa force et toute sa plénitude. L'office ministériel n'apparaît plus que comme une fonction publique. Par une conséquence naturelle, il devient une chose hors du commerce. Aussi la Constitution du 3 Septembre 1791, abolissant la vénalité et l'hérédité de tous les offices publics, aurait-elle été certainement applicable aux offices ministériels comme aux autres, si déjà des lois spéciales n'avaient consacré cette évolution pour la plupart d'entre eux (1).

Mais, tout en devenant une fonction publique,

(1) *Loi* 21 *Juillet* 1790 supprime les jurés-priseurs, et abandonne aux greffiers, notaires, huissiers et sergents les ventes dont ces officiers étaient chargés (Art. 1 et 6).

Loi 16-24 *Août* 1790, tit. 9, art. 1er : « Les greffiers seront nommés au scrutin et à la majorité absolue des voix par les juges, qui leur délivreront une commission et recevront leur serment. »

Loi 7 *Sept*. 1790, art. 8 : « L'assemblée se réservant de statuer sur le sort des autres officiers ministériels, après qu'elle aura terminé l'organisation du nouvel ordre judiciaire. »

Loi 29 *Janv*. 1791, art. 1er : « La vénalité et l'hérédité des officiers ministériels auprès des tribunaux *pour le contentieux* (procureurs et huissiers) sont supprimées. » Ces fonctions sont d'ailleurs conservées. Les procureurs changent seulement de nom ; ils sont remplacés par des avoués. V. même loi, art. 3.

Loi 2 *Mars* 1791 supprime offices des agents de change.

Loi 14 *Avril* 1791, relative à la Cour de Cassation, supprime les offices des avocats au Conseil, et établit devant cette Cour des avoués.

Loi 21 *Avril* 1791 supprime offices des courtiers.

Les offices royaux de notaires furent supprimés par la loi du 29 sept. 1791, tit. 1, sect. 1, art. 1, qui institua à leur place des fonctionnaires appelés *notaires publics*.

l'office ministériel restait par la force des choses un office à *clientèle.* Sa nature ne pouvait varier à cet égard. L'office ministériel, en effet, n'est pas un de ces offices où le profit est en quelque sorte fixé à l'avance par la loi et par les limites dans lesquelles la fonction s'exerce, sans que l'officier ou le fonctionnaire puisse augmenter sa clientèle ou ses profits par une activité plus grande, ou les perdre par sa négligence ou son incurie; au contraire c'est un office dont les émoluments et le profit dépendent de l'industrie ou de l'activité du titulaire, et forment une sorte de clientèle ou d'achalandage, susceptible d'augmenter ou de diminuer, suivant la capacité de celui qui en est investi, suivant le plus ou moins de confiance qu'il inspire (1).

Cette clientèle, acquise par le travail et l'honorabilité d'une vie entière, constituait une véritable propriété, et on ne pouvait porter atteinte à ce droit, méconnaître cette qualité de l'office ministériel, sans violer l'article 17 de la Déclaration des droits de l'homme et du citoyen placée en tête de la Constitution du 3 septembre 1791, aux termes duquel : la propriété est un droit inviolable et sacré, nul ne peut en être privé, si ce n'est lorsque la nécessité

(1) Rapport de M. le Conseiller Bayle-Mouillard devant la Chambre des requêtes de la Cour de Cassation; D., 52. 1. 220.

publique, légalement constatée, l'exige évidemment, et sous la condition d'une juste et préalable indemnité.

La présence de ce second élément dans la complexion de l'office allait empêcher l'unification du nouveau régime, qu'on venait de proclamer à l'égard des offices. Les réformateurs de la Révolution ne s'y trompèrent pas, et les dispositions législatives, qu'ils prirent en touchant aux offices ministériels, montrent bien qu'ils faisaient sa part à chacun de leurs éléments.

C'est ainsi que, lorsque les charges des procureurs furent transformées en profession privée, leurs titulaires reçurent une indemnité qui devait être calculée d'après le prix d'acquisition de l'office ou les évaluations de l'édit de 1771, en tenant compte de la valeur de la clientèle. (1)

Moins d'un mois après la Constitution du 3 septembre 1791, qui déclarait, dans ses préliminaires, qu'il n'y avait plus ni vénalité, ni hérédité d'aucun office public, la loi des 29 septembre — 6 octobre 1791, consacrait, au profit des notaires, le droit de disposer de leurs minutes, et de faire avec leurs successeurs des conventions au sujet de leurs recou-

(1) Discours du député Mongis à la séance du 22 décembre 1790. V. loi des 24 décembre 1790 — 23 février 1791, art. 8 à 13, 16 à 21.

vrements. « Les notaires. . pourront... *remettre leurs minutes* à celui des notaires publics qu'ils jugeront à propos de choisir parmi ceux établis dans le chef-lieu de résidence où les minutes devront être apportées, *et faire sur les recouvrements telles conventions* que bon leur semblera. « Tit. 3, art. 5. »

La loi ordonne même, dans un certain cas, la mise aux enchères de ces minutes. Art. 8.

Pour l'avenir, la loi impose au notaire nommé au concours l'obligation de prendre, avec son prédécesseur, des arrangements relatifs aux recouvrements. Tit. 4, art. 16. (1).

La loi du 25 ventôse an XI, tout en qualifiant formellement les notaires de fonctionnaires publics, (2) vint confirmer d'une manière absolue le droit de disposition des minutes.

Le titulaire ou ses héritiers pouvaient traiter de gré à gré avec le successeur de leurs recouvrements, et il ne s'agissait pas seulement des honoraires qui pouvaient être encore dûs, à raison d'actes antérieurs, mais aussi du bénéfice des expéditions de ces actes (3).

Enfin le mode de nomination antérieur fut modifié,

(1) Les comités de constitution et de judicature allaient même plus loin. V. Procès-verbal de l'Assemblée nationale, 16e livraison, t. 71, n° 707, p. 23 ; Bataillard, p. 96 et suiv...

(2) Loi 25 ventôse an XI, art. 1er.

(3) Loi 25 ventôse an XI, art. 59.

et, ce qui est significatif, c'est au nom du respect dû à la propriété de la clientèle que le concours fut supprimé (1).

Du moment où les officiers ministériels (2) purent traiter de gré à gré de leur clientèle avec un successeur qui n'était plus imposé par le concours, l'usage s'introduisit parmi eux, sous le Consulat et sous l'Empire, de vendre, sinon les offices, du moins les clientèles qui y sont attachées (3). « Le porteur de la démission achetée s'adressait au tribunal auprès duquel le titulaire exerçait ses fonctions, et en obtenait sa présentation au ministre de la justice en remplacement du démissionnaire. Ordinairement, le sujet ainsi présenté était agréé par le ministre et commissionné par le chef du Gouvernement.... C'était surtout la clientèle de l'officier qui donnait de la valeur à la démission dont on traitait; et lorsqu'il n'y avait pas de clientèle, mais ce qu'on appelait un titre nu, la démission s'achetait à très bas prix. » (4)

(1) V. l'exposé des motifs de la loi, Réal, Moniteur des 15 et 16 ventôse an XI; Bataillard, Propriété des offices, p. 92 et suivantes.

(2) Nous disons officiers ministériels, car d'autres lois avaient fait, quoique moins explicitement, pour les autres offices ministériels ce que la loi du 25 ventôse an XI avait réglé relativement aux études des notaires.

(3) Dard, Offices, Introduction, p. 1.

(4) Dard, eod. tit., p. 34.

Non seulement le gouvernement tolérait cette manière d'agir des officiers ministériels et des chambres syndicales (1), en agréant les candidats sans difficulté, même quand il était informé de la convention, mais certains actes du Chef de l'Etat paraissent encore l'avoir consacrée.

Un décret du 25 mars 1808, succédant à un autre décret du 19 mars 1808, qui avait réduit le nombre des avoués près le tribunal de la Seine, accorda aux titulaires dépossédés une indemnité basée sur l'importance de leur clientèle (2).

Une décision du 31 mai 1808 détermine le droit dû à l'enregistrement pour la cession d'une pratique d'avoué (3).

Quant à la jurisprudence, il ressort de ses décisions à cette époque que, si elle déclare nulles les conventions relatives au titre, elle valide celles qui se

(1) Les chambres syndicales ou chambres de discipline, dont l'avis favorable était une règle essentielle de la nomination, s'étaient fait une règle d'écarter tous autres candidats que le bénéficiaire du traité. V. sur les pouvoirs des chambres de discipline à cet égard : loi du 25 ventôse an XI, art. 43, pour les notaires, et du 13 frimaire an IX, art. 2-6°, pour les avoués; Décret du 14 juin 1813, art. 10 pour les huissiers.

(2) Cette indemnité était semblable à celle qui est accordée au propriétaire exproprié pour cause d'utilité publique (art. 3 à 7).

(3) Championnière et Rigaud, Traité des droits d'enregistrement, table, V° Office, n° 8.

restreignent à la pratique ou clientèle, ou même simplement la démission pure et simple du titre. (1)

En fait, nul ne pût solliciter du Gouvernement sa nomination sans s'être assuré de la cession des minutes, recouvrements ou clientèle du titulaire actuel, et celui-ci ne les céda que moyennant un prix assez élevé pour représenter la valeur entière de son office.

Nous pouvons maintenant conclure, en ce qui concerne la nature juridique de l'office ministériel pendant le droit intermédiaire, qu'elle ne comprenait plus que deux éléments : 1° le titre, qui faisait de l'office une fonction publique concédée gratuitement par le chef de l'Etat, et qui était absolument hors du commerce ; 2° la clientèle, qui constituait au profit des officiers une véritable propriété, et qui par suite était dans le commerce. En résumé, l'office ministériel était, suivant l'aspect sous lequel on l'envisageait, une fonction publique ou une chose placée dans le commerce.

(1) V. Paris, 12 oct. 1815, Dalloz, Anc. Rép. t. 10, p. 472. Bordeaux, 27 janv. 1816, Dalloz, Anc. Rép. t. 10, p. 473. Paris, 11 fruct. an XIII, Dalloz, Anc. Rép., t. 2, p. 208.

CHAPITRE III

Eléments de l'office ministériel depuis la loi du 28 Avril 1816

Telle était la situation des officiers ministériels quand fut votée la loi du 28 avril 1816.

Cette loi n'est autre que la loi de finances, réglant le budget de l'Etat pour l'année 1816.

Son article 88, expédient destiné avec beaucoup d'autres à combler le déficit du Trésor épuisé par les guerres de la République et de l'Empire, portait augmentation du cautionnement des officiers ministériels. Comme dédommagement de la charge nouvelle qui leur était imposée, l'article 91 disposa ainsi qu'il suit : « Les avocats à la Cour de Cassation, notaires, avoués, greffiers, huissiers, agents de change, courtiers, commissaires-priseurs, pourront présenter à l'agrément de Sa Majesté des successeurs, pourvu qu'ils réunissent les qualités exigées par la loi ; cette faculté n'aura pas lieu pour les titulaires destitués. Il sera statué par une loi particulière sur l'exécution de cette disposition et sur les moyens d'en faire jouir les héritiers ou ayant-cause des dits officiers.

Cette faculté de présentation ne déroge point, au surplus, au droit de sa Majesté de réduire le nombre desdits fonctionnaires, notamment celui des notaires dans les cas prévus par la loi du 25 ventôse an XI sur le notariat. »

Il nous reste à voir quelle a été l'influence de cette loi sur le sort des officiers ministériels. Mais, tout d'abord, a-t-elle transformé dans quelque mesure la nature même de l'office ?

Nous pensons qu'à cet égard son appoint a été nul. Considéré dans ses éléments constitutifs, l'office est resté ce qu'il était dans la période précédente. Aucun élément nouveau n'est venu se surajouter aux éléments existants, et ceux-ci n'ont subi aucune modification. La notion théorique de l'office était arrivée à sa formule définitive dans le droit intermédiaire. La loi de 1816 ne pouvait lui faire accomplir aucun progrès ; elle n'a déterminé aucun retour en arrière. Après sa promulgation comme avant, les seuls éléments de l'office sont toujours : 1° la fonction publique, qui est absolument hors du commerce ; 2° la clientèle, qui constitue au contraire une propriété inviolable. Aussi n'est-ce point de ce côté qu'il faut chercher l'innovation apportée par la loi de 1816 ; nous verrons tout-à-l'heure en quoi elle a consisté.

Pourtant, certains auteurs n'ont pas été de cet avis. Ils ont prétendu que cette loi avait rétabli la vénalité : « Les titulaires d'offices, pour lesquels existe le droit de présentation, peuvent, disent-ils, vendre ou céder leur office à prix d'argent, aussi bien que la clientèle qui en dépend, au tiers en faveur de qui ils offrent de se démettre de leurs fonctions ; sous ce rapport ne peut-on pas (1) dire que les offices sont vénaux. »

Il convient de s'entendre. A ne considérer que le résultat, par le dehors, dans ses apparences, il semble bien que l'on est en face d'une transmission générale de l'office faite à prix d'argent.

Mais si l'on examine l'acte juridique dans sa structure intime, on se rend compte qu'on ne peut parler de transmission à prix d'argent de la fonction publique, qui n'est pas dans le commerce, et dont l'autorité publique seule peut déléguer l'exercice. Seulement, comme le gouvernement ne peut, sauf le cas de destitution ou de création d'un nouvel office, nommer

(1) Sirey, Table générale, 1791 à 1850, v° Offices, n° 33.

un titulaire que sur la présentation d'un officier en charge, il arrive que celui-ci n'exerce son droit que contre une certaine rémunération. Si ce n'est donc le titre, quel est l'élément de la charge qui soit susceptible d'une transmission réelle ? C'est la clientèle, puisque c'est le seul élément qui reste.

D'autres auteurs, partisans d'une vénalité atténuée, ont soutenu que si le titre n'était pas dans la disposition de l'officier, du moins le droit de présentation formait en réalité l'objet de la cession (1). Cette doctrine est généralement acceptée. Elle n'en est pas pour cela la plus conforme aux principes de la matière.

Qu'est-ce, en effet, que la faculté de présenter un successeur sinon une participation à la prérogative de nomination qui appartient au représentant de la puissance publique. Cette participation au pouvoir public ne peut faire l'objet d'un trafic, et par suite là ne se trouve pas la véritable matière du contrat.

Cette portion du pouvoir public aurait-elle été vendue ? Ce droit n'a été accordé qu'en échange du supplément de cautionnement exigé des officiers ministériels. Or ce cautionnement diffère essentiellement de la finance payée jadis par celui qui achetait

(1) Baudry Lacantinerie, Précis, III, 496.

un office du roi. L'acheteur perdait tout droit sur cet argent versé dans les caisses du Trésor. Aujourd'hui le cautionnement ne devient pas la propriété de l'État ; loin de là il en paie les intérêts aux mains des titulaires. (1)

Loin d'avoir favorisé un rétablissement, même partiel, de la vénalité, la loi du 28 Avril 1816 s'est plutôt efforcée de la contenir dans les limites du seul objet auquel elle puisse rationnellement s'appliquer, c'est-à-dire de la restreindre à la clientèle, cet élément variable qui dépend du talent, du zèle et de la probité de l'officier ministériel, et qui repose sur une base matérielle, à savoir les dossiers confiés aux avoués, les répertoires des huissiers et les minutes des notaires.

Le législateur de la période intermédiaire, obligé de respecter dans la clientèle une partie du patrimoine inviolable de l'officier, avait, tout en réservant au gouvernement le droit de nomination, prescrit aux officiers ministériels de traiter de gré à gré avec leurs successeurs des recouvrements et de la pratique. Nous avons vu que l'usage aussitôt s'était répandu chez les titulaires de ces offices, de rechercher un successeur, et de traiter à la fois du prix de la clientèle et du

(1) V. les conclusions de M. le Procureur Général Salveton. Rouen, 29 décembre 1847. S. 1848. 2. 72 et 73.

prix de l'office, sous le couvert d'un abandon à prix d'argent des dossiers et des répertoires, ou d'une vente de démission pure et simple. La résignation *in favorem* n'était pas admise en jurisprudence. La convention, qui n'aurait dû porter que sur la clientèle, n'étant pas soumise au contrôle du gouvernement, portait en réalité, par le moyen de l'élévation du prix, sur tous les éléments, vénaux et non vénaux, de l'office, sur la fonction publique comme sur la pratique. Si cet état de fait avait continué, c'eût été, à bref délai, le rétablissement de la vénalité des offices. La poussée de l'usage aurait emporté toutes les résistances.

La loi de 1816, quoique faite en vue d'un but fiscal, a eu pour effet, tout en assurant et légitimant ce qu'avait de précaire et d'incomplet le droit des officiers ministériels, d'empêcher tout empiètement de ce droit hors de ses justes limites. Pour cela, il fallait que les transmissions d'offices fussent soumises au contrôle du chef de l'Etat. Le seul moyen d'établir cette surveillance était d'accorder le droit de présentation. Telle est la portée exacte de la réforme accomplie par la loi de 1816.

Nous sommes arrivés à la fin de la première partie, qui avait pour but de prouver l'habilité des offices ministériels à devenir l'objet d'obligations, et de résoudre la question préjudicielle, dont la suite de notre travail suppose la solution convenable.

Nous croyons avoir démontré, malgré la brièveté d'explications et de développements, dont nous avons été contraint de ne pas nous départir :

1° Qu'au point de vue rationnel et théorique, l'office était, dans la mesure de l'un de ses éléments constitutifs, une chose dans le commerce.

2° Qu'au point de vue législatif et pratique, la reconnaissance de cette qualité, et par conséquent du droit de transmission qui en résulte pour le propriétaire de cette chose placée dans le commerce, était consacrée par le législateur, qui avait accordé aux officiers ministériels le droit de présentation.

Il nous reste à déduire le plus rapidement possible de cette analyse préliminaire, les règles qui nous serviront dans la suite à tracer les principales lignes de la théorie des contrats relatifs aux offices ministériels. L'exercice du droit de présentation combine, dans un acte juridique, la transmission de deux éléments, dont les natures respectives sont essentiellement inconciliables : d'une part, l'instrument de travail, le cabinet, la clientèle qui constituent un capital productif de revenus au même titre que le cabinet et la clientèle d'une personne exerçant une profession libre ; d'autre part, la fonction publique et le droit de présentation, qui sont hors du commerce. Cet acte, empreint d'une telle dualité de caractères, met en jeu l'application simultanée de deux sortes de règles, d'essence aussi différente que les éléments qu'elles régissent : les principes du droit privé, les régles de droit public et administratif. On conçoit que l'harmonie soit assez malaisée à introniser, parmi la concurrence de ces deux ordres de règles rivales.

Aussi, comme il arrive d'ordinaire en pareille occurence, pour trancher le problème, deux systèmes antagonistes, absolus chacun dans leur sens, se sont-ils dressés en face l'un de l'autre. Leur duel a commencé dès la promulgation de la loi de 1816 ; il se continue encore aujourd'hui. Toute trêve, et surtout toute paix finale sont rendues impossibles par la permanence des intérêts qui se combattent derrière ces deux systèmes juridiques. L'un, restrictif, servant le parti du plus fort, c'est-à-dire de l'Administration, jaloux de conserver au Gouvernement sa plénitude d'action, s'efforce de renfermer le nouveau principe de la loi de 1816, le plus étroitement possible, dans la lettre de l'article 91, et de le mettre en harmonie avec la loi constitutionnelle abolitive de la vénalité des charges, de faire prévaloir en un mot, le point de vue public sur les règles générales de la loi civile. L'autre, extensif au contraire, défendant la cause des officiers ministériels, tend à élargir le droit posé dans la loi qui est comme leur charte, à assimiler la faculté de présentation à un droit de propriété, et à faire rentrer les offices dans le domaine du droit commun.

Nous aurons plus d'une fois l'occasion, au cours de l'examen des contrats, de voir aux prises sur des questions particulières les prétentions des deux partis.

Aucun de ces systèmes ne nous paraît posséder la meilleure méthode pour résoudre les difficultés du problème. Ils méconnaissent la véritable nature de l'office, en lui supposant a priori un caractère simple et uniforme ; l'un ne voulant voir dans l'office qu'une fonction publique, l'autre prétendant, avec un égal parti pris, ne découvrir en lui qu'un élément vénal.

Il nous semble qu'au lieu d'opter pour l'un de ces systèmes absolus, il serait préférable de choisir un moyen terme, un système intermédiaire qui tiendrait compte de la dualité d'aspects qui caractérise l'office ministériel.

Tout principe absolu, invariable quel que soit le point de vue sous lequel se présente la question, est ici inapplicable ; il faut au contraire, suivant les cas, recourir au premier ou au second ordre de règles que nous venons d'indiquer.

Il conviendra d'appliquer telles ou telles de ces règles, suivant les rapports qu'on peut envisager à propos des questions relatives aux offices.

Or deux sortes de rapports sont à distinguer :

1° Les rapports de l'officier ministériel avec l'Etat ;

2° Ses rapports avec les particuliers.

Vis-à-vis de l'Etat, l'office est une fonction publique à laquelle est attachée une clientèle. L'officier ministériel n'est propriétaire que de cette clientèle ; à l'égard de son titre, il n'est qu'un fonctionnaire public, nommé à vie, ayant, il est vrai, le droit de présenter un successeur, mais n'ayant pas le droit de transmettre lui-même son titre, et ne pouvant exercer sa faculté de présentation qu'en respectant l'ordre public et en n'excédant pas les limites, dans lesquelles elle a été accordée par l'article 91 de la loi du 28 avril 1816.

Dans les rapports avec les particuliers, l'officier ministériel reste non seulement propriétaire de sa clientèle, mais son droit de propriété s'étend à tout l'office. Le droit commun doit gouverner ses relations juridiques avec les particuliers, et étendre son domaine jusqu'à la limite au delà de laquelle il serait porté atteinte aux droits de l'Etat sur les offices.

Que, vis-à-vis des particuliers, l'officier ministériel ait un véritable droit de propriété sur sa charge, c'est un point de droit, comme le dit M. Garsonnet, qui n'aurait jamais dû être contesté.

Qu'est-ce, en effet, que la propriété ?

C'est le droit de « jouir et disposer des choses de la manière la plus absolue, pourvu qu'on n'en fasse pas un usage prohibé par les lois ou par les règlements. » C'est avoir sur une chose, comme disaient les Romains, le *jus utendi*, avec lequel se confond le *jus fruendi*, et le *jus abutendi*. User d'une chose, c'est s'en servir dans des conditions telles qu'on pourra encore s'en servir plus tard. Disposer, c'est encore s'en servir, mais de telle sorte que cet usage ne sera pas renouvelable.

Or si, pour déterminer le droit de l'officier ministériel, nous voulons seulement en examiner les effets, nous observons que les officiers perçoivent les produits de leurs charges, qu'ils en sont les maîtres exclusifs et qu'ils ont la faculté d'en opérer la transmission.

Il est vrai que, dans l'ensemble des prérogatives accordées aux titulaires d'offices, aucun des éléments essentiels du droit de propriété ne s'y retrouve entier

Garsonnet, Procéd., § XCVII, I, p. 379.

et complet. Ainsi les produits qu'ils retirent de leurs charges sont limités par des tarifs et sujets à des taxes ; ils peuvent être dépouillés de leurs titres par mesure disciplinaire ; leur faculté de transmettre est soumise à un certain contrôle et à certaines limites.

Mais bien des autres droits, qui constituent des propriétés incontestablement, sont soumis eux aussi à des restrictions analogues (1). Ces limites et ces restrictions ne peuvent donc changer la qualification de propriété qui est donnée au droit de l'officier ministériel. Les droits de l'État sur la transmission des offices ne peuvent altérer la nature du droit de propriété, et ceci est conforme au droit commun, car, d'après l'article 544 du Code Civil, on ne peut faire des choses un usage prohibé par les lois ou par les règlements.

D'ailleurs, le législateur lui-même, à maintes reprises, a formellement reconnu ce droit de propriété. Il suffirait de se reporter soit à l'article 34 de la loi de finances du 21 avril 1832, soit aux articles 6 et suivants de la loi de finances du 25 juin 1841, soit au rapport déposé au Corps législatif sur la proposition de loi du 18 juillet 1866, relative à la

---

(1) Duvergier, Rev. étrang., 7e année, t. VII, p. 323.
Baudry-Lacantinerie et Chauveau, Des biens, n° 212, p. 156, n° 213, p. 157.

liberté de courtage, pour trouver une consécration législative (1) non équivoque du droit de propriété que les officiers ministériels ont sur leurs charges.

Cette propriété, quoique d'une nature particulière, est universellement reconnue aujourd'hui (2).

(1) V. aussi le rapport de M. Carl, à propos de la discussion relative à certaines pétitions adressées à la Chambre des députés en 1840; la discussion de l'art. 11 de la Constitution de 1848.

(2) M. Labbé, il est vrai, est un des rares dissidents qui protestent encore contre cette doctrine. V. Sirey, 1. 1881 1. 49. Note sous Cass. 6 janv. 1880. Mais il finit par reconnaître dans ses conclusions les effets d'un droit de propriété à la faculté dont il critique la qualification.

DEUXIÈME PARTIE

Contrats relatifs aux offices

Les offices étant, sous les réserves précédentes, des choses placées dans le commerce, peuvent devenir l'objet d'obligations. Un des faits juridiques qui ont la puissance de créer les obligations, c'est le contrat. Ce sont les contrats capables d'engendrer des obligations ayant pour objet les offices ministériels, qu'il nous reste à étudier.

Nous commencerons par le contrat de cession.

La cession peut être faite contre un équivalent. Elle peut être aussi à titre gratuit.

Voyons d'abord la cession à titre onéreux.

TITRE I

CESSION A TITRE ONÉREUX

La cession à titre onéreux est certainement autorisée. C'est même, en pratique, la convention la plus fréquente. Il n'est pas contestable que les officiers puissent mettre un prix à leur démission. L'article 91 l'admet implicitement. Ce droit a d'ailleurs été consacré par les lois de finances du 21 avril 1832 et du 25 juin 1841 (1). La jurisprudence n'avait pas attendu la promulgation de ces lois pour le reconnaître (2). Et quant à la doctrine, elle a été

(1) L'article 6 de la loi du 25 juin 1841 s'exprime ainsi : « .... tout traité ou convention ayant pour objet *la transmission à titre onéreux* ou gratuit, en vertu de l'art. 91 de la loi du 28 avril 1816, d'un office, de la clientèle, des minutes,... etc. devra être constaté par écrit et enregistré.. .. : »

(2) Req. 29 juin 1820, Dall., Anc. Rép., V° Obligation, p. 475; Req., 22 mai 1823, Favard, Rép , V° Officier ministériel, n° 5; Req., 28 fév. 1828, Dall., 28. 1. 15 ; Besançon, 25 mars 1828, Dall., 38. 2. 2 0 ; Lyon, 9 fév. 1830, Sir., 30. 2. 227 ; Req., 16 fév. 1831, Sir., 31. 1. 74; Rennes, 23 fév. 1833, Sir., 34. 2. 110.

aussi unanime que la jurisprudence à tenir pour valide un pareil contrat (1).

La cession à titre onéreux comporte deux espèces principales, la vente et l'échange, suivant la nature de l'équivalent.

C'est la vente qui nous occupera en premier lieu.

(1) V. Dard, Offices, p. 208; Troplong, Vente, n° 220; Durand, Offices, n° 214; Greffier, Cessions et suppressions; Morin, Discipline, t. 2, n° 483; Dall., Rép., V° Office, n° 137.

CHAPITRE I

Vente

Certains auteurs ont refusé de considérer comme une vente le contrat par lequel un officier ministériel s'oblige à transmettre sa charge moyennant un prix ; ils ont prétendu n'y voir qu'un contrat innommé.

Ce débat sur la nature du contrat de cession d'office ne nous retiendra pas longtemps. Ce point ne fait plus question aujourd'hui. En doctrine comme en jurisprudence, l'opinion qui a prévalu est celle qui retrouve les caractères de la vente dans la transmission à titre onéreux. (1)

---

(1) Il est vrai que cette opinion n'a pas conquis sans difficulté l'unanimité des auteurs et de la jurisprudence. M. Dard, qui écrivait vers 1838, dit dans son ouvrage sur les offices, p. 208 : « Ce n'est pas, il est vrai, et d'après les principes stricts du droit, un contrat de vente, puisque l'office, qui est la chose vendue, est dans la disposition du prince, qui seul peut en pourvoir la personne qui lui est présentée,.. mais c'est un de ces contrats que les jurisconsultes romains appelaient contrats innomnés et pour

Les objections qu'on a fait valoir à l'encontre de cette doctrine, et que nous allons succinctement rappeler, ne supportent pas un examen sérieux.

Pour soutenir que le traité de cession était, selon la vieille formule romaine, un contrat *facio ut des* ou *do ut facias*, on a eu recours à trois ordres d'arguments :

1° : Ce contrat n'est pas une vente, parce qu'il manque d'un des éléments essentiels de la vente ; *la chose* lui fait défaut.

2° : Ce n'est pas une vente, parce que certaines règles de la vente ordinaire ne trouvent pas ici leur application.

3° : La Chancellerie prohibe l'emploi du terme vente dans les traités de cession d'office.

Dans le premier ordre d'idées, on a argué, du caractère personnel (1) du droit de présentation, qu'il n'était qu'une faculté légale concédée à certaines personnes, et que, par suite, il n'était pas une chose au sens juridique du mot.

---

lesquels ils avaient introduit l'action « praescriptis verbis ou in factum ». V. dans le même sens, Duvergier, Vente, t. 1, n° 208. Pour la jurisprudence, conforme à Dard et Duvergier, V. Trib. Meaux, 13 Mars 1831, Sirey, 35. 2. 112 ; Riom, 10 février 1845, S. 45. 2. 666 ; Rouen, 29 décembre 1847, Dall., 48. 2. 1 ; Rouen, 26 Déc. 1847, S., 48. 2. 68. ; Cass., 13 déc. 1853, S, 54. 1. 94 ; Bourges, 28 janv. 1853, S., 53. 2. 113.

(1) Conseil d'Etat, 30 juin 1876, Sirey, 1877. 2. 61.

Pour être personnel, ce droit du titulaire n'en est pas moins, au regard des particuliers, une partie de son patrimoine, une chose dont il lui est permis de tirer profit Les circonstances, dans lesquelles est intervenue la loi de 1816, montrent bien que ce droit a été accordé aux officiers ministériels, comme une compensation du supplément de cautionnement qu'on leur imposait.

Par office, on entend ordinairement le droit mis dans le commerce par l'article 91. « Dans la pensée du législateur, dit M. Chavegrin, le droit de présentation est une valeur analogue aux actions financières et aux obligations commerciales de l'art. 529 C. civ. Comme elles, il se résout en une somme d'argent, plus ou moins forte, selon les circonstances ; comme elles, il s'exploite dans la forme d'une créance pécuniaire, qui est à la fois son équivalent et sa représentation sensible. (1) » Cette valeur pécuniaire constitue un meuble incorporel, (2) et par conséquent une chose pouvant faire l'objet d'une vente.

Mais, reprend-t-on, — et toujours sous l'empire de cette idée que le droit de présentation ne peut constituer une propriété privée, — le titulaire de l'office, en signant le contrat, promet simplement de

(1) Chavegrin, Cess. à tit. onér. des off., Nancy, 1877.
(2) Aubry et Rau, § 165, II, p. 130.

se démettre de son office et du droit de présentation, pour que l'un et l'autre, dont l'aliénation ne lui est pas possible, soient ensuite conférés à son successeur par le gouvernement. Le traité de cession ne crée donc qu'une obligation de faire, c'est-à-dire ne constitue qu'une convention innommée.

Nous savons maintenant que l'opinion, qui inspire les auteurs de cette objection, n'est pas exacte. Le droit de présentation, considéré dans les rapports de l'officier avec les particuliers, est un droit pécuniaire, qui, comme tous les droits pécuniaires (1) peut être transmis, et dont la transmission est même expressément autorisée par un texte formel.

Du reste, s'il est exact que le cédant contracte bien un engagement de faire, puisqu'il s'oblige à résigner en faveur de son cessionnaire, il n'est pas moins vrai, qu'une fois cette obligation remplie, le traité produit entre les parties, à l'occasion de la clientèle, les relations juridiques dérivant de l'espèce de contrat intervenu, de la vente, si c'est une vente. Si le contrat fait naître une obligation de faire, il aboutit à la transmission d'une chose appréciable en argent, et dont le cédant est bien propriétaire, la clientèle. Cette transmission étant à titre onéreux, la cession

(1) Sirey, Rép. alph., V° Cession de créances, n°s 3 et 4.

est une vente, car il n'est pas de l'essence de la vente d'opérer immédiatement un transfert de propriété, il suffit qu'elle ait pour but d'arriver à ce transfert.

Quant aux objections tirées de ce que le droit commun subit en matière de cession d'office des dérogations, elles ne prouvent rien contre l'opinion que nous défendons. Qu'importe que le cédant n'ait pas le droit de faire résoudre la vente en cas de non paiement du prix, conformément à l'article 1654 du Code civil ; que l'office ministériel ne puisse être vendu aux enchères (1) ; que le traité de cession soit soumis à l'agrément du Chef de l'Etat (2) etc ; ces restrictions dérogatoires au droit commun n'ont point d'influence sur la nature de la cession d'office.

Reste l'argument basé sur la prohibition, imposée par l'administration, de l'emploi du mot vente, dans les traités qui lui sont soumis (3). Ce genre d'arguments, que nous retrouverons du reste dans plus d'une controverse, ne nous paraît pas être d'une grande valeur probante. Nous leur accorderons

(1) Metz, 8 déc. 1866, S., 1868, 2. 193.

(2) « L'existence d'une condition, à la réalisation de laquelle est subordonnée la perfection de la vente, ne la fait pas dégénérer en une autre espèce de contrat (art. 1584 et suiv. C. civ) » Perriquet, Traité des offices ministériels, n° 216, p. 229.

(3) Le cédant ne doit pas se servir des expressions *vend et vente* (Décis. Chanc., 15 mai 1872 ; — Circ. Chanc., 1er mars 1890).

toujours une importance fort relative, sur laquelle se mesurera l'importance de la réfutation. Leur grand défaut, qui les empêche d'être pris en grande considération, est, à nos yeux, le suivant, sur lequel nous choisissons cette occasion de nous expliquer une fois pour toutes. Le pouvoir de la Chancellerie, dans les transmissions d'offices, est fort étendu. Tout traité de cession, pour être valable, doit être approuvé par le gouvernement. L'administration donne ou refuse son approbation en toute liberté. Pour se faire agréer, il faut bien passer par ses conditions, qui seront ce qu'elle voudra. Mais si ces conditions s'imposent, en fait, à la volonté des particuliers qui traiteront à propos d'études de notaires ou d'avoués, elles n'ont pas conséquemment une égale force persuasive sur l'intelligence de ceux qui étudient le droit des offices, ou sur l'esprit des tribunaux appelés à appliquer la la loi relative à cette matière. Les décisions de la Chancellerie n'ont aucune force législative, et comme elles émanent d'une partie intéressée dans la question, il est prudent de n'en tenir qu'un compte fort modéré. La jurisprudence, il est vrai, penche à ne pas considérer le bon vouloir de la Chancellerie avec une aussi grande indépendance ; elle a une certaine inclination à tenir les exigences de l'administration pour des articles de loi ou de foi. Quelles que soient les dispositions des cours et des tribunaux, notre opinion sur la valeur probante des décisions de la Chancellerie, est pleine de réserves, et voilà pourquoi il ne nous suffit pas qu'elle ait une répugnance particulière à voir le mot vente inscrit dans les traités de cessions d'offices, pour que nous acceptions la théorie d'après laquelle cette cession n'est qu'un contrat innommé.

On s'explique d'ailleurs facilement, d'après la distinction, établie au seuil de l'étude des contrats, entre les rapports de l'officier avec l'Etat et ses rapports avec les particuliers, le scrupule apporté par le ministre de la justice dans le choix des termes employés pour qualifier la cession d'office. Vis-à-vis de l'Etat, il n'y a que des relations de fonctionnaire à gouvernement, et l'office apparaît avec son caractère principal de fonction publique, incompatible avec toute idée et toute expression de vente ; dans les rapports du cédant et du cessionnaire, l'objet essentiel de la transmission est la clientèle, susceptible d'aliénation à titre onéreux, et permettant avec la chose l'emploi du mot.

Pour en finir avec cette discussion, nous rappellerons que maints textes législatifs consacrent l'opinion que nous soutenons. C'est ainsi que les ordonnances du 29 mai 1816 et du 3 juillet 1826, interprétant l'article 91 de la loi de 1816, au lieu de reproduire les expressions : les officiers auront la faculté de présenter des successeurs à l'agrément du roi, disent nettement : les agents de change et courtiers ont la faculté de *disposer* de leurs offices, de les transmettre avec l'agrément du roi. L'article 34 de la loi du 21 avril 1832, les articles 6 et suivants de la loi du 25 juin 1841, assimilent la cession des offices ministériels à une vente d'effets mobiliers. Nous y avons fait allusion ci-dessus. S'il restait un doute sur le sens et la portée de cette assimilation, il suffirait de se reporter aux déclarations du rapporteur de la loi du 25 juin 1841. M. Rivet, rapporteur, déclara en effet formellement, que la cession d'office était assimilée en fait, depuis l'an VIII, et devait être assimilée dans l'avenir, tant qu'une loi n'en aurait pas décidé autrement, à une vente d'effets mobiliers (1).

Il convient donc de conclure, avec M. Garsonnet, que « dans les rapports des officiers avec leurs successeurs, l'office est un meuble, le droit du titulaire une propriété et la transmission de l'office un contrat de vente. » (2)

(1) Rapport Rivet du 7 Mai 1841 sur la loi de finances de 1842.
(2) Garsonnet. Traité procédure, t. I, § XCVIII.

Le débat sur la nature du contrat de transmission d'office que nous venons de clore, aura au moins cette utilité de légitimer la méthode suivant laquelle nous allons analyser le traité de cession. Puisqu'il est indiscutable aujourd'hui que nous avons affaire à une espèce de vente, nous devons y rencontrer les éléments de la vente : le consentement, la chose, le prix. Les effets, dans les rapports du cédant et du cessionnaire, devront consister, au moins d'une manière générale, dans les obligations du vendeur et de l'acheteur.

Nous aurons à examiner également ce que nous pourrons retrouver ici des autres effets de la vente du droit commun.

Ce caractère de la cession à titre onéreux nous invite donc naturellement à suivre le plan habituel, selon lequel on étudie le contrat type auquel elle se rapporte.

La vente est un contrat par lequel l'un s'oblige à transférer la propriété d'une chose, et l'autre à la payer. De cette définition il ressort que quatre conditions sont essentielles à la validité de la vente en général. Il faut avoir d'abord la capacité de vendre comme celle d'acheter ; il faut encore le consentement des partis relativement à la chose et au prix, cette chose, ce prix. Voyons donc, dans cet ordre, et rapportées à notre sujet, les conditions que nous venons d'énoncer. Les conditions de forme, et les autres, spéciales à la cession d'offices, qui ne rentreront pas dans les catégories précédentes, seront examinées aux lieux les mieux appropriés au plan.

SECTION I

CAPACITÉ

§ 1. Qui peut céder.

Pour pouvoir transférer la propriété d'une chose, il faut en être soi-même propriétaire. On peut aussi faire vendre une chose, malgré son propriétaire, quand ce propriétaire est votre débiteur. (Art. 2092, 2093 C. Civ.)

Pour pouvoir céder un office, il faut d'abord que l'office vous appartienne à titre de propriétaire, ou qu'il se trouve dans le patrimoine de votre débiteur et que vous soyez dans les conditions voulues pour le saisir, supposé que la saisie d'un office soit possible.

Au premier rang de ceux qui peuvent se trouver dans les situations précédentes, se place naturellement le titulaire de l'office.

Il faut quelque chose de plus. La cession d'un office s'opère, sous la législation actuelle, par le moyen de la présentation. Il est donc indispensable de joindre aux droits que nous indiquions tout-à-l'heure le droit de présenter un successeur. Or, les personnes jouissant de la faculté de présentation ont été énumérées par la loi du 28 avril 1816, et c'est cette loi qu'il faut interroger pour en connaître la liste. En tête, nous trouvons les titulaires d'un certain nombre de charges mentionnées dans l'article 91. Pour pouvoir céder il faut donc être titulaire.

I

LE TITULAIRE

Encore est-il nécessaire de savoir à partir de quel moment on le devient, et jusqu'à quel moment on conserve cette qualité. C'est ce que nous allons rechercher.

A. *A partir de quel moment devient-on titulaire ?*

Les offices étant une délégation de la puissance publique, seul le souverain peut conférer le titre d'officier. L'acte par lequel se fait cette collation s'appelait, avant 1848, ordonnance ; on la nomme aujourd'hui décret de nomination. Ce décret correspond aux lettres de provision délivrées autrefois par la Chancellerie (1).

Le cessionnaire, tant qu'il n'est pas nommé, ne peut exercer lui-même le droit de présentation (2).

(1) Durand, Offices, n° 326, p. 370.

(2) Décision min. just., 1er mars 1832 ; 18 juillet 1836 ; Rolland de Villargues, Rép. Not., V° office, n° 71 ; — *Contra*, Duranton, t. 16, n° 182.

A plus forte raison en serait-il ainsi, s'il était refusé par l'administration (1). La Chancellerie interdit d'insérer dans les traités de cession la clause portant que le cessionnaire sera propriétaire de l'office à partir du jour de la cession et pourra en disposer à son gré dès cette époque (2).

Il ne suffit pas d'être nommé ; il faut de plus se faire recevoir, c'est-à-dire prêter serment dans les délais fixés par la loi, ou, à défaut, par l'administration (3). La nomination donne le titre, mais un titre imparfait. La prestation de serment confère à l'officier le complément de son caractère d'officier public.

Avant sa prestation de serment, l'officier ministériel doit, d'ailleurs, comme tous les titulaires de fonctions assujetties au dépôt d'un cautionnement, justifier du versement à la Caisse des consignations du cautionnement exigé (4).

Le titre conféré par la nomination est exposé à une déchéance, dont seule peut le purger la prestation de serment dans les délais prescrits.

Si, avant l'expiration des délais légaux, le cession-

(1) Douai, 26 janv. 1839, Dall., Rép., V° Office, n° 139-1°.
(2) Décis. min., 22 mai 1834, 7 déc. 1840.
(3) Décis. min., 7 déc. 1840. Roll. de Vill., loc. cit., n° 72.
(4) Loi 27 Ventôse, an IX, art. 11.

naire meurt, sans avoir prêté serment, n'ayant pas encouru la déchéance, il transmet à ses héritiers son droit de présentation, de quelque peu de durée que soit le temps pendant lequel il a possédé le titre (1).

Les délais sont expirés. Le cessionnaire peut-il encore céder? Cette question dépend de celle de savoir si la déchéance est encourue de plein droit ou si le candidat peut encore être admis à prêter serment.

On a soutenu que la déchéance avait lieu de plein droit, sans qu'il soit besoin de la faire prononcer, et il y a en faveur de cette doctrine une décision ministérielle du 18 juillet 1835. Mais on s'est relâché de cette rigueur. Il est dans l'usage d'admettre, qu'après le délai expiré, le candidat peut encore prêter serment, si rien ne s'oppose à ce qu'il soit reçu et à ce qu'il fasse connaître les motifs qui l'ont empêché de remplir les formalités. (2)

C'est seulement aux notaires et aux huissiers qu'un délai légal a été imposé pour leur installation (3).

---

(1) Décis. min., 14 mars 1840 ; 1er avril 1854.

Cependant il a été jugé que dans le cas où un officier ministériel meurt immédiatement après sa nomination, le vendeur qui n'est pas payé et qui n'a pas de garanties stipulées pour son paiement, peut faire résilier le contrat et exercer le droit de nomination.

Trib. de la Seine, 19 sept. 1829.

(2) Il appartient au tribunal d'apprécier les motifs du retard (Decis. Garde Sceaux, 29 mai 1837). On peut être relevé de la déchéance en prouvant que le retard ne vous est pas imputable.

(3) Ce delai est de deux mois pour les notaires (L. 25 Vent. an IX, art. 47, et d'un mois pour les huissiers, décr. 14 juin 1813, art. 11)

Quant aux autres officiers ministériels, le gouvernement a le droit d'apprécier les motifs du retard qu'ils apporteraient à leur installation, et peut, suivant les circonstances, rapporter le décret de nomination.

B. *Jusqu'à quel moment reste-t-on titulaire ?*

Le cédant reste titulaire jusqu'à la nomination, et jusque là, le droit de présentation continue de résider dans sa personne. Etant encore titulaire, il peut, après avoir cédé une première fois, exercer de nouveau son droit de présentation en faveur d'une autre personne. En pareil cas, voici les conséquences qui pourront s'ensuivre :

Ou bien le cédant n'a pas encore envoyé sa démission et refuse de la donner. La faculté du *regrès*, qui était admise dans l'ancienne législation, n'existe plus (1). L'unique recours que le premier successeur désigné peut exercer contre son cédant consiste dans une demande de dommages-intérêts. Il ne pourrait pas obtenir des tribunaux que le jugement à intervenir tienne lieu de démission, la démission étant

(1) Le *regrès* consistait dans le droit, pour l'officier public qui se repentait d'avoir vendu sa charge, de se rétracter en payant à l'acquéreur quelques dommages-intérêts, qui se bornaient au coût du contrat de vente, quand le résiliement avait lieu dans les vingt-quatre heures. Aujourd'hui le regrès n'est plus admissible. Req. 13 fév. 1823.

un fait personnel, auquel on ne peut être contraint, et consistant dans une obligation de faire, dont l'inexécution n'expose qu'à des dommages-intérêts (1).

Ou bien le cédant a déjà envoyé la démission correspondante au premier traité. Le regrès est-il au moins proposable devant l'administration ? L'officier a-t-il le droit de retirer sa démission lorsqu'elle n'a pas encore été agréée ? En fait, lorsque l'officier demande le retrait, il arrive souvent qu'on ne procède pas à son remplacement (2). La jurisprudence de l'administration est d'ailleurs très variable à cet égard. « Cependant, elle tendrait plutôt aujourd'hui à faire prévaloir que toute démission donnée lui est acquise » (3).

Dans le cas où un titulaire aurait présenté successivement deux candidats à l'agrément du Chef de l'Etat, sans retirer aucune démission, la préférence sera accordée au postulant qui aura été nommé, sans qu'il y ait à distinguer si la convention passée entre lui et le cédant est la première ou la seconde en date.

La nomination intervenue, le cédant conserve

(1) Limoges, 17 Janv. 1833, Dall., Rép., V° Responsabilité, n° 346-4°. Agen, 6 janv. 1836, Dall., Rep., V° Office, n° 139. Douai, 20 janv. 1838, Dall., Rép., V° Office, n° 145.

(2) Décis. Min., 5 Mai 1834.

(3) Durand, Offices, n° 135; Déc. Garde Sceaux, 9 janv. 1837; Ordonn. 30 Mars 1838.

encore le droit de présentation, mais son droit n'est plus que conditionnel. « La nomination ne confère que le titre, le *droit à l'office*, c'est-à-dire une simple espérance, une simple action personnelle, qui n'emporte pas le droit de présentation » (1). Cette condition est résolutoire et se réalise par l'installation. Si le cessionnaire est déchu de son droit de présentation, la faculté de présenter un successeur continue de résider dans la personne du titulaire non remplacé (2).

De ce que la qualité d'officier est une condition *sine qua non* de l'exercice du droit de présentation, tant que la fonction est pourvue de son titulaire, il résulte que le titulaire ne peut, en conservant la fonction, céder à un tiers son droit de présentation. C'est en ce sens que le droit de présentation est dit inaliénable (3).

Le droit de présentation est même empreint d'un tel caractère de personnalité, que toute convention, qui pourrait avoir pour résultat de forcer le titulaire à se démettre de ses fonctions serait, par les tribu-

(1) Rolland de Villargues, Rép. Not., n° 72.

(2) Décis. min. 8 juill. 1835.

(3) Limoges 17 janvier 183?, Dall., Rép., v° Responsabilité, n° 346-4°. « ... Il est certain que l'office a, dans notre droit, un caractère personnel, qu'il est un et indivisible, qu'il appartient, pour tous ses éléments, à une personne unique. » Wahl, note dans Sirey, 1894. 2. 290.

naux, déclarée sans effet (1); il a été jugé aussi que les créanciers d'un officier public ne peuvent jamais le contraindre à donner sa démission (2).

Une autre conséquence à tirer de la même règle, c'est que le titulaire destitué ne peut plus céder. La loi de 1816 s'est d'ailleurs expliquée formellement à cette égard. Son article 91 déclare : « ... cette faculté n'aura pas lieu pour les fonctionnaires destitués ». Par l'effet de la destitution, le gouvernement rentre dans la liberté complète de son choix (3). Il nomme d'office le successeur, et n'est nullement contraint d'exiger de celui-ci le paiement d'un prix quelconque(4).

(1) V. Rolland de Villargues, Rép. Not., V° Office, n° 75 bis.

(2) Colmar, 29 mai 1835, Dall., Rép., V° Office, n° 92.

(3) Un tribunal excéderait ses pouvoirs si, en prononçant la destitution d'un notaire, il lui réservait le droit de présenter un successeur. Bordeaux, 6 juin 1833. V. Roll. Vill., Rép. Notar., V° Off., n° 106.

(4) Telle est du moins l'opinion de la jurisprudence. Tout d'abord les Cours d'appel ont considéré l'indemnité, que la Chancellerie met à la charge du titulaire qu'elle nomme à la place de l'officier destitué, comme la représentation, le prix de l'office.

Paris, 11 déc. 1834, D., 35. 2. 74 ; Bordeaux, 2 déc. 1842, D., 43. 2. 99; Paris, 26 juillet 1843. D., 43. 2. 211 ; trib. com. de la Seine, 7 oct. 1844, D., 45. 4. 371 ; Orléans, 31 janv. 1846, D., 47. 2. 101 ; *contra*, trib. Meaux, 13 mars 1834, D., 35. 2. 74.

Un arrêt de la Cour de Paris, qui avait fait une application de cette théorie, fut cassé par la Cour de Cassation. Cass. civ., 7 juill. 1847. D., 47. 1. 257. La Cour de Rouen se rallia à la doctrine nouvelle. Rouen, 29 déc. 1847, D., 48. 2. 1. Après avoir opposé quelque résistance, les autres Cours d'Appel finirent par s'incliner devant l'opinion de la Cour Suprême.

Arrêts contraires à la doctrine de la Cour Suprême: Paris,

Il importe de ne pas confondre la destitution avec la révocation à volonté, que la loi du 27 ventôse an VIII permet au gouvernement de prononcer à l'égard des greffiers. La destitution suppose une peine prononcée par le pouvoir disciplinaire, à raison d'une contravention aux lois et règlements, ou au moins d'un fait contraire à l'honneur et à la délicatesse. La révocation à volonté n'est que le retrait d'un mandat, qu'il ne plaît plus au gouvernement de continuer. Cette révocation ne doit donc pas enlever au greffier

---

9 janv. 1851, D., 51. 2. 69 ; Nîmes, 13 mars 1851, D., 53. 1. 257; *arrêts conformes* : trib. Seine, 26 avril 1850, D., 50. 3. 47; Paris, 3 fév. et 9 mars 1852, D., 52. 2. 203. 15 mars 1853, D., 54. 2. 11; Bordeaux, 27 fév. 1856, D., 56. 5. 303.

Aujourd'hui la jurisprudence suit encore les mêmes errements. C'est ainsi qu'elle refuse au vendeur d'un office dont le successeur a été destitué, tout privilège sur l'indemnité dont la Chancellerie impose le versement au successeur de l'officier destitué. Orléans, 7 juill. 1876, D., 77. 2. 83, et, sur pourvoi, Req. 30 mai 1877, D., 79. 1. 195. Nous pensons au contraire, de même que plusieurs auteurs (Perriquet, Off., n° 517) que si la destitution fait perdre à l'officier qu'elle frappe le droit de présentation, elle est sans influence sur la valeur vénale de l'office. En analysant la notion de l'office, nous avons montré qu'à côté de l'office il y avait un autre élément, la clientèle, et que cette clientèle constituait une propriété inviolable. La loi de 1816 ne s'est pas occupée de la valeur vénale des offices; elle n'a fait qu'autoriser les officiers ministériels à présenter un successeur. La révocation du droit de presentation n'entraîne pas l'anéantissement de la valeur venale de l'office. Autrement, la destitution aboutirait à une confiscation pure et simple, ce qui serait une négation d'un des principaux articles de la Déclaration des droits de l'homme et du citoyen.

révoqué son droit de présentation (1), mais le droit de révocation n'est pas exclusif du droit de destitution par mesure disciplinaire.

Les notaires ne peuvent être destitués que par jugement. La destitution prononcée par le Chef de l'Etat n'est applicable d'une manière exclusive qu'aux avoués, huissiers et commissaires-priseurs. A l'égard des agents de change, (2), greffiers (3), le droit de destitution du Chef de l'Etat existe concurremment avec la destitution par jugement.

Dans certains cas, la destitution n'a pas besoin d'être prononcée. Ainsi elle résulte de plein droit de la dégradation civique. (4) Certains auteurs ont aussi prétendu que la destitution résultait *ipso jure* de la faillite (5) mais cette opinion est contestée (6), et on a soutenu que le notaire failli conservait la faculté de présentation.

Il n'est même pas nécessaire que la destitution soit prononcée, pour que l'officier soit privé de son droit

(1) Duvergier, Coll. des Lois, 1864, p. 89, note.
Morin, Discipline, n° 167.

(2) Arrêté 29 germinal an IX, art. 17 et 18 - Art. 85 86, 87, C. Com.

(3) Loi 21 ventôse an VII, art. 23 - Rej. civ., 16 mai 1806. Sir, 6, 2. 9.0.

(4) Art. 34-1°, C. pén.

(5) Durand, Off., n° 343.

(6) Roll. de Vill., Rép., V° Off., n° 80.

de présentation. Il suffit qu'il se trouve en état de prévention de nature à entraîner sa destitution, et que des poursuites soient ordonnées en conséquence (1).

L'officier, qui est seulement suspendu de ses fonctions, conserve, même pendant la durée de cette peine, la faculté de présenter son successeur. (2)

Pour pouvoir céder le titulaire doit jouir de la capacité de droit commun.

Outre cette capacité spéciale, qui consiste dans la qualité de titulaire, le cédant doit avoir la capacité de droit commun.

Au cas d'aliénation mentale, si le titulaire est interdit, la cession peut avoir lieu, en observant les formes prescrites dans l'intérêt des mineurs. La loi du 27 février 1880 étant applicable aux biens mobiliers de l'interdit (art. 1), le tuteur de l'officier interdit procédera à la cession de l'office, en suivant

---

(1) Roll. de Vill., eod. loc., n° 109. Décis. min. 28 oct. 1834 ; 20 nov. 1837.

Paris 9 fév. 1839, Roll de Vill. eod. loc., n° 113.

Il a été jugé cependant que les héritiers d'un notaire destitué restent maîtres de présenter un successeur à l'agrément du chef de l'Etat, si la destitution n'a pas été notifiée à leur autour avant son décès. Trib. Segré, 11 avr. 1881, D. P. 83. 3. 125.

(2) Déc. min. 21 fév. 1817 ; 20 août 1840.

les formalités requises pour l'aliénation des meubles incorporels du mineur.

S'il n'est pas interdit, ce sera l'administrateur provisoire, nommé conformément à l'article 32 de la loi du 30 juin 1838, qui aura qualité pour traiter. Malgré deux décisions du ministre de la justice, des 18 juillet 1845 et 9 juin 1857, (1) qui reconnaissaient à l'administrateur le droit d'opérer la cession de l'office, après y avoir été autorisé par le conseil de famille, un arrêt de la Cour de Metz avait adopté la solution contraire (2). L'administrateur, disait l'arrêt, ne peut faire vendre le mobilier de l'aliéné qu'aux enchères publiques. Un tel mode d'aliénation, employé à l'égard d'un office, serait contraire à l'ordre public. Cette opinion n'a pas prévalu. Il est généralement admis aujourd'hui, surtout depuis la loi du 27 février 1880, que l'administrateur peut exercer le droit de présentation à la place de l'officier. Son action a un caractère conservatoire, puisqu'il évite les lenteurs inséparables de la nomination par le gouvernement, et la dépréciation de la charge qui pourrait en résulter. Les intérêts de l'aliéné sont suffisamment sauvegardés, sans qu'il y ait lieu de recourir aux enchères, par l'intervention de la Chancellerie

(1) En ce sens, Cour de Lyon, 22 juin 1865, Sir, 66, 2, 16.
(2) Metz, 8 déc. 1868, D. P. 69. 2. 40; Sir., 69. 2. 133.

appelée à contrôler les conditions de la cession de l'office.

Voyons maintenant les personnes qui, en dehors du titulaire, peuvent exercer le droit de présentation.

II

LES ASSOCIÉS DU TITULAIRE ONT-ILS CE DROIT ?

Comme nous le verrons dans la suite, cette question ne peut se poser qu'à l'égard des offices d'agents de change, qui, seuls, sont susceptibles de faire l'objet d'un contrat de société. Il s'agit donc de savoir si le droit de présentation afférent à une charge d'agent de change, appartient exclusivement au titulaire, ou s'il lui appartient en commun avec ses bailleurs de fonds. Les associés ont un grand intérêt à participer à l'exercice de ce droit, car, selon le choix qui sera fait, ils parviendront ou non à fonder une société nouvelle avec le nouveau titulaire.

MM. Lyon Caen et Renault, dans leur Traité de Droit Commercial, se prononcent en faveur des bailleurs de fonds (1). « L'article 91 de la loi du 28 avril 1816, disent-ils, a mis dans le commerce la valeur du droit de présentation aux offices ministé-

(1) Lyon-Caen et Renault, Traité de Droit Commercial, T. 4, n° 879.

riels. La loi du 2 juillet 1862 a été plus loin pour les agents de change, en leur permettant de mettre cette valeur en société. C'est le droit de présentation (ou la valeur qui le représente) que la société a pour objet pendant sa durée, et, par suite, après sa dissolution, le droit de présentation est indivis entre le titulaire ou ses héritiers d'un côté, et les bailleurs de fonds de l'autre.

Il est vrai qu'aucun texte ne consacre cette solution, mais cela tient à ce que les lois et ordonnances relatives au droit de présentation sont bien antérieures à 1862, c'est-à-dire qu'elles remontent à une époque à laquelle le droit de former une société était refusé à tous les agents de change sans exception. — Le décret du 7 octobre 1890 (art. 3) se borne à indiquer que les présentations sont faites conformément à l'art. 91 de la loi du 28 avril 1816. Du reste, cet article mentionne parmi les personnes ayant le droit de présentation, à côté des héritiers de l'officier ministériel, ses *ayants-cause*. Cette dernière qualification convient très bien aux bailleurs de fonds d'un agent de change ; la société implique la cession partielle du droit de présentation à leur profit. »

Mais autre chose est la valeur pécuniaire qui représente le droit de présentation ou le partage des bénéfices que peut procurer son exploitation, et l'exercice de ce droit de présentation. La loi qui énumère les personnes qui ont droit à cet exercice, c'est la loi de 1816. Il est vrai qu'elle ne pouvait accorder la faculté de présenter un successeur aux bailleurs de fonds, puisqu'à cette époque les sociétés pour l'exploitation d'offices d'agents de change n'étaient pas reconnues. Mais le caractère de ce droit de présentation est si personnel que pour que ce droit fût ouvert aux associés du titulaire de l'office, il faudrait que la loi du 2 juillet 1862 l'eût dit et c'est ce qu'elle n'a pas fait. La faculté de transmission des offices d'agents de change n'est pas réglée seulement par la loi du 28 avril 1816, elle l'est aussi par l'ordonnance du 29 mai 1816 ; c'est elle qui reste applicable sur les points que n'a pas modifiés la loi de 1862. Or, cette loi restreint même à ce point de vue l'extension de la loi du 28 avril 1816. Elle n'accorde la faculté de présenter un successeur qu'aux veuves et enfants des agents de change et passe sous silence les ayants-cause.

D'ailleurs, les conflits seront déjà assez fréquents dans les cas d'indivision que fera naître le décès du titulaire qui laissera des héritiers, et quelquefois un conjoint survivant, pour qu'on ne multiplie pas ces situations indivises si fécondes en compétitions regrettables.

III

LES HÉRITIERS ONT-ILS LA FACULTÉ DE PRÉSENTATION ?

On n'a jamais élevé de prétention contraire à la transmissibilité de la valeur vénale de l'office. Mais, comme nous en avons vu un exemple dans le paragraphe précédent, l'exercice du droit de présentation est indépendant de sa valeur vénale, et par suite, on a eu le moyen de contester la transmission héréditaire de cette faculté.

Pour soutenir cette opinion (1), on s'est appuyé sur les termes de la loi de 1816 et sur les incidents de la rédaction de l'article 91.

Le texte de l'article 91 de la loi du 28 avril 1816 porte seulement que les officiers désignés pourront présenter à l'agrément du Chef de l'Etat des successeurs, et ajoute : « Il sera statué par une loi particulière sur l'exécution de cette disposition et sur les moyens d'en faire jouir les héritiers et ayants-cause. »

On a ainsi raisonné :

De l'article 91 il résulte que : 1° les officiers

(1) Cette opinion est celle que la Chancellerie a fait soutenir à l'occasion d'un pourvoi formé, dans l'intérêt de la loi, contre un arrêt de la Cour de Paris du 23 Août 1852.

ministériels non destitués ont le droit de présenter un successeur; 2° qu'il est réservé à une loi spéciale de faire participer, s'il y a lieu, à ce droit de présentation, les héritiers ou ayants-cause.

La loi annoncée n'a jamais été promulguée. Donc les héritiers n'ont que l'expectative d'un droit promis et non acquis (1).

Cette opinion était encore corroborée par les observations suivantes, développées par le Procureur Général près la Cour de Cassation, à l'appui du pourvoi formé dans l'intérêt de la loi contre l'arrêt de la cour de Paris du 23 août 1852 (2).

« Le projet du gouvernement portait : « Les avocats à la Cour de cassation, les notaires, les avoués, etc., et leurs veuves ou enfants, pourront présenter pour les remplacer des sujets qui réunissent les qualités exigées par la loi. » ...... l'article amendé par la commission a été voté par la Chambre tel qu'il existe aujourd'hui. D'où il suit : 1° qu'en faisant disparaître de la première partie de l'article, c'est-à-dire de celle où le droit est institué au profit des titulaires, ces mots « leurs veuves ou enfants », le législateur a entendu limiter aux officiers publics

(1) Caen, 12 juillet 1827, Dall., 28. 2. 126.
(2) Dall., 54. 1. 171.

7

et ministériels seuls le droit de présentation ; 2° que si, dans la seconde partie du même article, ajoutée par la commission, il est parlé d'une manière générale, non plus des veuves et enfants seulement, comme dans le projet du gouvernement, mais des héritiers ou ayants-cause, ce n'est pas qu'on ait voulu accorder davantage, car alors on eût simplement substitué les mots : « héritiers et ayants-cause » à ceux de « veuves et enfants », sans changer autre chose au projet ; mais c'est qu'on a voulu, au contraire, réserver la question et ne la résoudre qu'après un examen spécial, qui permît d'apprécier s'il convenait ou non d'étendre le droit de présentation à d'autres que le titulaire. »

Enfin on invoquait une décision de jurisprudence qui confirmait ce système. (1)

On concluait ainsi :

L'usage qui s'est établi d'admettre les héritiers à présenter un successeur et qui est fort respectable en soi, ne doit donc être respecté qu'à titre d'usage et de simple tolérance.

Mais la Cour de Cassation, sur un savant rapport de M. Laborie, repoussa cette doctrine, et reconnut

(1) Elle est indiquée ci-dessus en note. C'est la décision de Caen, 12 juillet 1827.

le droit des héritiers. Un des principaux arguments du rapporteur était qu'annoncer le règlement d'un droit, c'était proclamer son existence (1).

Bien que la question ne soit plus discutée aujourd'hui, et que la jurisprudence reconnaisse sans difficulté que les héritiers (2) trouvent dans la succession le droit de présentation et la valeur vénale indivisiblement liés l'un à l'autre, il faut remarquer qu'on peut encore avoir des raisons de douter que cette faculté de présentation appartienne légalement aux héritiers.

Les ordonnances des 29 mai et 3 juillet 1816, qu'on invoque en leur faveur, ne reconnaissent formellement le droit de présentation qu'aux veuves et enfants des agents de change.

De la loi d'enregistrement de 1841, il résulte

(1) Civ. Cass., 23 mai 1854, D., P., 54. 1. 170. Il invoquait encore l'article 9, loi 25 juin 1841; l'art. 4, ordonn. du 29 mai 1816 ; les art. 1 et 4, ordonn. 3 juillet 1816, qui tous impliquent nettement l'existence du droit de présentation au profit des veuves et enfants des titulaires en exercice.

(2) Par les mots « héritiers et ayant-cause », la jurisprudence entend les héritiers légitimes et naturels, les légataires et donataires universels et à titre universel, en un mot, tous les continuateurs de la personne du défunt. C'est, nous le verrons plus loin à l'occasion des droits des créanciers, de cette continuation de la personne, de l'intérêt d'honneur que les héritiers et représentants du titulaire ont à maintenir la bonne renommée de l'office, que l'arrêt du 23 mars 1854 fait résulter, au profit des héritiers et ayants-cause, la faculté d'exercer le droit de présentation.

qu'elle reconnaît un usage, mais il est aussi certain qu'elle n'entend pas le légitimer.

La jurisprudence n'est même pas aussi définitivement fixée sur cette question qu'on pourrait le supposer.

D'un arrêt du Conseil d'Etat du 30 juin 1876 (1), il résulte, quoique implicitement, que l'héritier d'un officier ministériel est recevable, en la forme, à critiquer devant le Conseil d'Etat la nomination que le gouvernement aurait faite au mépris de ses droits.

Un autre arrêt du Conseil, de date plus récente, paraît encore admettre, d'une manière implicite, le droit pour les héritiers d'exercer la faculté de présentation (2).

Mais nous trouvons dans les observations de M. le commisssaire Levavasseur de Précourt, sur lesquelles a été rendu l'arrêt du 23 juin 1893, une phrase qui est moins rassurante pour le droit des héritiers. La voici :

« L'héritière, qui d'ailleurs avait accepté la réduction de prix, ne pouvait citer aucun texte de loi ou de décret qui eût été violé, et lorsqu'il s'agit de questions aussi graves que celles qui se rattachent à

(1) D., P., 76. 3. 97.

(2) Paris, 9 déc. 1892. Sirey, 1895, 2. 10 — Conseil d'Etat, 23 juin 1893, S., 95. 3. 58.

l'organisation juridique, l'excès de pouvoir ne peut résulter que d'une incompétence ou d'une violation formelle de la loi. »

Si donc la chancellerie, changeant sa pratique, procédait à la nomination directe d'un successeur, sans mettre les héritiers en demeure, le décret pourrait échapper à l'annulation pour excès de pouvoir.

La jurisprudence du Conseil d'Etat ne paraît pas être, sur ce point, très fermement établie.

IV

LES CRÉANCIERS PEUVENT-ILS EXERCER LE DROIT DE PRÉSENTATION ?

Pendant la vie du titulaire, ils ne peuvent certainement pas y prétendre.

Leur action ne peut atteindre par voie de saisie ou par toute autre voie le droit de présentation qui compète au titulaire. S'ils avaient le droit d'expropriation, la dignité, l'indépendance du titulaire pourrait en souffrir, et l'administration pourrait être forcée par un créancier de se priver d'un officier public qui a sa confiance

Outre que l'ordre public est intéressé à ce que le droit de succéder, sauf l'agrément du souverain, à l'exercice d'une portion de la puissance publique, ne devienne pas l'objet d'une concurrence où la dignité des fonctions serait trop souvent sacrifiée à des considérations d'intérêt, l'office ne pourrait être mis aux enchères, que par le moyen d'une saisie-exécution, et ce mode de saisie leur est inapplicable puisqu'il ne s'exerce que sur des meubles corporels.

Les créanciers du titulaire ne verraient dans l'exercice de ce droit qu'un intérêt pécuniaire ; or il ne suffit pas que le candidat offre des garanties de solvabilité, il faut aussi qu'il donne des gages de probité et d'honorabilité.

Le droit de présenter un successeur accordé par la loi du 28 avril 1816 doit donc être compté parmi les droits incessibles et insaisissables, il est exclusivement attaché à la personne et il échappe à l'application de l'article 1166 du Code Civ. M. le Conseiller Laborie, dans son rapport, dont nous avons déjà parlé, (1) montre avec une grande netteté l'insaisissabilité d'un tel droit. Il rappelle que, dans une certaine mesure, ce droit est une délégation de la puissance publique, et qu'il n'est accordé au titulaire que parce qu'il est revêtu d'un caractère public méritant à ce titre la confiance du Gouvernement, et qu'il a le devoir de faire un bon choix en résignant ses fonctions.

(1) Rapport de M. le Conseiller Laborie sur lequel a été rendu l'arrêt déjà cité de la Cour de cassation du 23 mai 1854.

Aussi l'officier destitué, se trouvant privé de ce caractère public, n'ayant plus en lui le principe de ce droit de délégation, est-il déchu de son droit de présentation : « S'il s'agissait là d'autre chose que d'une faculté purement personnelle, d'une délégation de la puissance publique en faveur d'un officier public, s'il s'agissait en d'autres termes d'un droit de propriété, le législateur aurait-il admis, contre le titulaire destitué, et au préjudice de ses créanciers aussi bien que de sa famille, une déchéance qui, constituant une véritable confiscation, serait une atteinte au principe de droit public qui venait d'abolir cette peine » (1).

La Cour de Cassation a consacré, dans l'arrêt déjà mentionné du 23 Mai 1854, la personnalité du droit de présentation.

Si, du vivant de leur débiteur, les créanciers ne peuvent pas exercer le droit de présentation, ne peuvent-ils s'y faire subroger judiciairement, à son décès, quand les héritiers ne peuvent ou refusent de présenter un successeur à la charge vacante ?

Les auteurs, généralement, ont penché jadis en faveur des créanciers (2).

(1) Rapport de M. Laborie, Dall., 1854, 1. 174.

(2) V. Rolland de Vill., Rép. Not., v° Office, n° 100 ; Dard, des Offices, p. 214 ; Bataillard, Prop. des Off., n° 306.

En pratique, lorsque l'administration nomme d'office, parce que les héritiers n'exercent pas le droit de présentation, elle impose toujours, il est vrai, au nouveau titulaire l'obligation de payer à titre d'indemnité une certaine somme, sur laquelle les créanciers peuvent exercer leurs droits. — Mais cette situation n'équivalait pas à l'exercice du droit, car la fixation de la somme à payer par le nouveau titulaire est toujours moins élevée que le prix de la charge débattu entre ceux qui exercent la faculté de présentation et l'acquéreur.

Quelques cours d'appel ont d'abord décidé que le droit de présentation n'avait rien de personnel et pouvait être exercé par un créancier comme les autres droits héréditaires (1).

Cette manière de voir n'étant pas admise par l'administration, un arrêt de la Cour de Paris fut frappé d'un pourvoi dans l'intérêt de la loi (2).

La Cour suprême en prononça la cassation, et décida que le droit de présenter un successeur à l'agrément de l'autorité publique a un caractère essentiellement personnel, et ne peut, dès lors, être exercé par les créanciers de ceux qui en sont

(1) Colmar, 29 mai 1835 ; Paris, 17 nov. 1838, V. Dall., Rép., V° Off., n° 92 ; Riom, 10 fév. 1845, D., 45, 2. 190.

(2) Paris, 23 août 1852, D., 53, 2. 19.

investis (1). La jurisprudence, depuis, a constamment suivi la doctrine de la Cour de Cassation (2).

Le système contraire au droit des créanciers repose sur l'argumentation suivante. Il invoque d'abord le texte de la loi de 1816.

L'article 91 n'accorde pas le droit de présentation aux héritiers, il ne le reconnaît pas davantage aux créanciers.

Si les héritiers n'ont pas ce droit, les créanciers ne peuvent l'exercer, il n'y a pas de subrogation possible.

La bienveillance de l'administration admet, il est vrai, les héritiers à présenter un successeur, mais il ne s'agit là que d'une simple tolérance, et cette faveur s'arrête aux héritiers.

En refusant aux uns ce qu'il accorde aux autres, le Gouvernement ne fait que suivre les justes règles d'une sage conduite. La qualité de créancier est beaucoup plus incertaine et contestable que celle d'héritier; elle peut susciter de longs débats judiciaires dont le gouvernement ne peut attendre l'effet.

Même dans l'hypothèse où les héritiers tiendraient le droit de présentation de la loi de 1816, les créanciers ne pourraient pas encore y prétendre.

C'est que, par les mots « héritiers et ayants-

(1) Cass., 23 mai 1854, D., 54. 1. 171.
(2) Arrêt Cons. d'État, 30 juin 1876, D., 76. 3. 97.

cause », le législateur a voulu désigner tous les continuateurs du défunt à titre universel et n'a pas entendu donner de droits aux créanciers. Si la loi a fait cette distinction, c'est que, seuls, les héritiers pouvaient mériter cette faveur.

La dignité de l'office repose fictivement dans la personne de l'héritier, qui a un intérêt moral à continuer honorablement celui dont il hérite.

Jusqu'ici cette argumentation n'est pas très convaincante.

La théorie, d'après laquelle le droit de présentation accordé aux héritiers, n'est qu'une simple tolérance n'est pas généralement suivie et appliquée aujourd'hui Cette opinion de la chancellerie a du reste été réfutée par l'arrêt même de 1854.

Quant au terme « ayant-cause » il n'a pas l'extension réduite que lui donne M. le Conseiller Laborie ; il signifie ordinairement toutes les personnes qui exercent les droits du défunt.

Les arguments les plus solides de la doctrine consistent à rappeler que le droit de présentation n'est qu'une délégation de la puissance publique, et qu'il est dans l'esprit de la loi de 1816 de faire une distinction entre les héritiers, continuateurs de la personne du titulaire, succédant à ses intérêts d'honneur comme à ses intérêts d'argent, pouvant par suite être considérés comme investis après lui d'une délégation de la puissance publique, et les simples créanciers, dont l'intérêt pécuniaire est le seul mobile.

Du reste si le droit de présentation est refusé aux créanciers, la valeur vénale leur reste. Ils pourront donc avoir action sur l'indemnité qui sera le prix ou équivalent de la valeur attachée à ce droit.

§ 2. Qui peut être cessionnaire?

Pour acheter une charge, la capacité générale de droit commun (art. 1123, 1124 c. civ.) est insuffisante ; il faut, en outre, au cessionnaire comme au cédant, une capacité spéciale.

Les officiers ministériels ne peuvent présenter que des successeurs réunissant les qualités exigées par les lois (1)

Nous n'entrerons point dans les détails des conditions d'idonéité imposées au cessionnaire, qui ne mettent en jeu aucune question juridique. (2)

Est-il nécessaire que le cessionnaire ait pleine capacité au temps de la cession ? Un candidat a traité d'un office avant d'avoir atteint l'âge requis et d'avoir terminé son stage. Une telle convention est-elle nulle ?

(1) art. 91, loi 28 avril 1816.
(2) V. Le Poittevin, Traité pratique des cessions.

La majorité des auteurs et la jurisprudence en admettent la validité. (1)

Cependant, la Cour d'Orléans statuant dans une espèce où une clause pénale avait été mise à la charge du cessionnaire, a déclaré la convention illicite (2).

Les raisons invoquées pour démontrer le caractère illicite de ce traité, ne sont pas décisives, et plus d'un auteur les a critiquées (3).

Aucun texte législatif n'a prévu l'hypothèse.

Ce n'est certainement qu'au jour de la nomination, que l'article 91 exige du cessionnaire les qualités requises. Sans quoi il ne serait jamais possible au candidat d'être nommé à 25 ans, les formalités de la présentation prenant toujours un certain temps.

On objecte que cette vente à terme et moyennant un prix fixé longtemps à l'avance, induira le cédant à apporter moins de zèle dans l'exercice de ses fonctions.

Mais, s'il se désintéresse trop de son office, il s'exposera à voir le cessionnaire se soustraire à l'exécution en invoquant la détérioration (art. 1182, C. Civ.) D'ailleurs, comme c'est l'état des produits

(1) Besançon, 25 mars 1828, Dall., 28. 2. 220 ; St-Gaudens, 30 mars 1846, Dall., 47. 3. 110.

(2) Orléans, 26 janvier 1854, Dall., 55. 2. 101.

(3) Durand, Offices, n° 231. Perriquet, Traité Offices, n° 261.

pendant les cinq dernières années qui sert de base à la chancellerie pour fixer le prix, le cédant est intéressé à bien gérer l'étude.

On peut éviter enfin que le cessionnaire, dans la crainte d'un dédit énorme, ne se trouve forcé à provoquer sa nomination. Il suffit, pour cela, de laisser au Tribunal l'appréciation des dommages-intérêts.

Les motifs invoqués par la Cour d'Orléans ne pouvaient justifier qu'une annulation de la clause pénale. (1)

(1) Un arrêt de la Cour de Bordeaux du 16 mai 1867 a consacré l'opinion contraire à la Cour d'Orléans ; mais il déclare que s'il y a une clause pénale, elle doit produire effet. Dall., Supplém., V° Office, n° 30.

SECTION II

CONSENTEMENT

Les règles du droit commun sont ici applicables. Le contrat de cession sera donc annulable, si le consentement a été donné par erreur, surpris par vol ou par violence. Mais la nullité ne pourra être prononcée qu'avant le décret de nomination. Postérieurement, le recours ne pourra plus aboutir qu'à une condamnation à des dommages-intérêts. Le fait de l'intervention des pouvoirs publics dans la formation du contrat explique cette particularité. Le Chef de l'Etat conférant seul le titre d'officier au postulant, le cédant n'a pas le pouvoir de reprendre ce qu'il n'a pas donné (1).

Les auteurs et la jurisprudence s'accordent pour restreindre de cette manière la portée de l'action en annulation *ex capite doli, metûs, vis et minoris ætatis*. La raison qui les détermine à poser ces limites à la puissance de l'action en rescision, leur fait adopter des règles analogues, à l'égard de toute

(1) Durand, Off., n° 263.

action judiciaire tendant à briser ou résoudre, après la nomination, l'œuvre de la volonté des parties. Ce qui vient d'être dit de la rescision pour vices du consentement s'applique, dans la théorie courante en matière d'offices, à l'action en résolution par exemple.

Pour être généralement admise, cette règle, qu'on essaie de justifier, en invoquant le caractère non résoluble de la propriété des offices, mériterait pourtant de n'être acceptée que sous bénéfice d'inventaire. Nous verrons plus loin, lorsque nous étudierons la faculté du rachat à propos de la cession d'office, qu'il conviendrait de ne pas suivre trop servilement sur ce point l'opinion commune.

SECTION III

FORME

Avant d'examiner les conditions de validité relatives à l'objet et au prix de la cession, ouvrons une parenthèse au sujet des conditions de forme.

Il convient de distinguer entre le contrat considéré comme un simple acte obligatoire, et le contrat considéré au point de vue de la nomination à obtenir.

A. Pour que le cédant soit tenu d'exécuter son obligation, c'est-à-dire de se démettre et de fournir les pièces nécessaires pour solliciter utilement la nomination, il suffit que le contrat qu'il a passé soit, au point de vue de la forme, conforme aux règles du droit commun. Or la vente peut-être faite par acte authentique ou sous seing privé (art. 1582 C. Civ.). Ce qui ne veut pas dire que la validité de la vente dépend d'un acte écrit ; la vente, contrat consensuel, pouvant être, sauf les règles de la preuve, aussi bien verbale qu'écrite. Aussi la jurisprudence a-t-elle admis la validité d'une cession faite sans écrit, dans le cas où une convention ordinaire pourrait être établie de cette manière, par exemple, s'il y avait un commencement de preuve par écrit. (1) (Art. 1347 C. civ.)

B. Au point de vue du contrat qui doit servir de base à la demande de nomination envoyée à la chancellerie, il n'existait pas non plus de règles légales particulières, avant la loi du 25 juin 1841.

Mais l'article 6 de cette loi a décidé qu'à l'avenir, toute convention ayant pour objet la transmission à titre onéreux ou gratuit d'un office ou d'objets en dépendant, devrait être constatée par écrit et enregistrée, avant d'être produite à l'appui de la demande de nomination de successeur.

Sur la question de savoir si les formalités administratives, approbation de la chancellerie, mention du traité dans le décret de nomination, impriment à l'acte de cession sous seings-privés le caractère d'authenticité, si, par suite, le cédant peut être admis

(1) Bordeaux, 7 mai 1831, D., 35. 2. 73 ; Pau, 15 juillet 1824, sous Req., 8 fév. 1826, D., 26. 1. 158 ; Colmar, 26 nov. 1823, Dall., Rép., v° Off., n° 193.

à une demande en vérification d'écritures, la jurisprudence est indécise (1).

(1) *Contre la vérification* : Paris, 9 fév. 1839, D., 39. 2 90.

Pour la recevabilité de la demande : Besançon, 8 déc. 863, D. 63. 2. 224. L'arrêt de Besançon est très critiqué par les auteurs. Le cessionnaire, disent-ils, ne pouvant dénier sa signature, légalisée au ministère de la jnstice, la demande en vérification ne saurait avoir, à cet égard, d'intérêt réel et sérieux. Le seul but de l'action est donc d'obtenir l'hypothèque de l'article 2123 C. civ. Le vendeur ne peut prendre cette voie détournée pour augmenter les garanties que la loi lui accorde et obtenir, après coup, une sûreté réelle. V Perriquet, Off., n° 254; Dall., Rép., V° Office, n° 194.

SECTION IV

OBJET DE LA CESSION

L'objet total de la cession comprend, ainsi que nous l'avons déjà vu, quand nous avons étudié la nature du contrat de cession, les éléments suivants : 1o la valeur vénale du droit de présentation ; 2° la clientèle, dont les accessoires matériels sont les dossiers, registres, répertoires, et généralement tous papiers intéressant les clients ; 3o les recouvrements.

Quant au titre, nous savons qu'il est incessible, le gouvernement pouvant seul le conférer. Aussi la chancellerie en proscrit-elle la cession (1)

Dans l'usage, quand l'officier déclare simplement céder son office, la convention comprend le droit de présentation et la clientèle, et ces deux éléments sont ordinairement transmis ensemble (2).

Mais peut-on céder l'un sans l'autre ?

L'administration a quelquefois permis la cession

(1) Décis. min. just., 28 juin 1849.

(2) Les registres exclusivement relatifs à l'exercice des fonctions, et les dossiers, sont un accessoire obligé de l'office, et, à ce titre, virtuellement compris dans la cession. Lyon, 11 nov. 1881, D., 82. 2. 237.

de l'office sans la clientèle. La clientèle peut aussi être cédée sans l'office. Mais la cession distincte de la clientèle n'a plus lieu aujourd'hui que dans des circonstances exceptionnelles ; encore doit-elle être approuvée par l'autorité supérieure et faite au profit d'un autre officier ministériel en fonction (1).

Le troisième élément de l'objet total d'une cession d'office consiste dans les recouvrements, c'est-à-dire dans les créances de l'officier ministériel contre ses clients, à raison des frais et honoraires qui lui sont dûs. Jusqu'en 1843, les cédants d'offices furent autorisés à se réserver les recouvrements (2), à condition de les faire opérer par leurs successeurs, et de ne s'immiscer en rien dans l'étude, soit pour se faire délivrer des expéditions, soit pour obtenir communication de certains papiers. En 1843, la chancellerie décide que le traité devra porter dorénavant que la cession des recouvrements est consentie au cessionnaire. Puis, en 1848, elle revint à sa première jurisprudence (3), et aujourd'hui la réserve des recouvrements est encore parfaitement valable.

(1) Req., 4 mai 1859; D., 59. 1. 465.

(2) Cependant certaines décisions judiciaires ont déclaré la réserve des recouvrements nulle et sans effet. Trib Lombez, 18 mars 1842, Dall., 46. 3. 128; Orléans, 12 juin 1839. Dall., 40. 2. 136.

(3) Circulaire du 3 novembre 1848, celle-ci spéciale aux notaires;

En ce qui concerne la communication que l'ex-titulaire peut demander des registres de l'office qu'il a vendu, voici l'opinion de la jurisprudence actuelle. Le cédant peut, sans qu'il soit besoin d'une convention spéciale, consulter les registres, soit au siège de l'office, (1) soit dans un dépôt public, où ils seraient momentanément placés (2). Mais la jurisprudence ne lui accorde que toutes les facilités compatibles avec l'ordre public et le secret des actes privés. Ainsi elle ne considère pas les notaires démissionnaires, par rapport aux actes qu'ils ont reçus, comme faisant partie des personnes intéressées en nom direct, auxquelles la loi du 25 ventôse an XI autorise les notaires à délivrer des expéditions. Le notaire démissionnaire ne peut obtenir de son successeur une expédition d'un acte qu'il a reçu, qu'après avoir, comme tout particulier, sollicité à cet effet une ordonnance du président du tribunal. (3)

Circul. 28 juin 1859, généralisant le principe, et l'étendant à tous les officiers ministériels.

V. Dall., 49. 3. 62.

Id. 49. 3. 73.

Cette dernière prohibait toute clause, par laquelle le cédant se réserverait le droit de s'immiscer dans la gestion de son successeur et de compulser ses minutes.

(1) Orléans, 27 juin 1877. D. P. 79. 2. 79.

(2) Lyon, 11 nov. 1881, D. P. 82. 2. 237.

(3) Orléans, 12 juin 1839. D., 40. 2. 136; Req., 12 janv. 1841, D., 41. 1. 70; Poitiers. 4 fév. 1884, D., 86. 2. 16, et sur pourvoi, Civ. rej., 17 oct. 1888, D. P. 90. 1. 99.

SECTION V

PRIX

Pour que l'acte passé entre le cédant et le cessionnaire soit simplement obligatoire, c'est-à-dire pour que le cédant soit obligé à l'accomplissement du fait promis à son stipulant et, en cas d'inexécution, passible de dommages-intérêts, il faut et il suffit que le prix réunisse les conditions exigées par le droit commun.

A ce premier degré auquel nous considérons le contrat de cession, il importe peu, à notre avis, que le prix consiste en numéraire, en denrées, en une rente viagère, etc...; quelle que soit la nature du prix, la cession intervenue obligera les deux parties, pourvu que le prix puisse être regardé comme tel par le droit civil, et pouvu d'ailleurs que se rencontrent les autres éléments essentiels de la vente. Bien qu'un traité, dont le prix serait stipulé payable en billets à ordre, n'eut aucune chance d'être agréé par l'administration, le titulaire qui l'aurait consenti n'en serait pas moins obligé de joindre sa démission à l'envoi de ce traité à la chancellerie, et, s'il s'y refusait, il devrait être condamné à des dommages-intérêts.

Mais, pour être approuvé par la chancellerie, le prix d'une cession d'office doit actuellement réunir les conditions ci-après énumérées.

Tandis qu'en droit commun, les parties sont libres de fixer leur prix comme elles l'entendent, quant à sa nature, au mode et à l'époque de son paiement, à sa limite et à sa publicité, en matière de cession d'office, au contraire, pour ce qui concerne le prix, le principe de la liberté des conventions subit les restrictions suivantes :

1° *Le prix de la cession doit être d'une certaine nature.*

Il doit toujours consister en une somme d'argent (1).

La cause immédiate en est qu'autrement l'administration ne pourrait pas s'assurer si le prix est en rapport avec la valeur de l'office, et quant à la raison médiate, elle se rattache à une question générale que nous traiterons en son lieu.

Ainsi donc, un office ne pourrait être cédé moyennant une rente viagère. (2)

Si l'équivalent de l'office était un autre office, ou un autre objet, tel qu'un immeuble, il y aurait

(1) Circ. min. just. 28 juin 1849, D., 49. 3. 62.
(2) Décis. min. 6 déc. 1839.

échange, et sur cette question, nous renvoyons au chapitre réservé à ce contrat.

Le prix ne pourrait pas non plus être stipulé payable en billets à ordre ou autres effets négociables, (1) en lettres de change ou effets de commerce. (2)

La raison est ici différente.

L'administration, en refusant d'admettre un prix de cette nature, s'est inspirée moins de l'intérêt du cessionnaire que de l'intérêt des créanciers du cédant. Ceux-ci, en effet, auraient été par ce moyen immédiatement privés d'un gage, qui n'a de valeur qu'autant qu'il existe entre les mains du cessionnaire. D'autre part, au temps où la contrainte par corps était encore en vigueur, la défense de payer en lettres de change ou effets de commerce avait encore l'avantage d'en empêcher l'exercice.

Il est encore défendu de convenir que le paiement du prix aura lieu en espèces d'or et d'argent et non autrement. (3).

2° *Le prix doit être déterminé au moment de la présentation.*

Le prix peut être laissé à l'arbitrage d'un tiers, (4),

(1) Décis. min. 27 fév. 1830 ; 22 fév. 1833 ; 10 avril 1843.
(2) Circ. 28 juin 1869, § 4, D., 49. 3. 62
(3) Décis. min. 21 mai 1849 ; 29 mai 1858 ; circ. 28 juin 1849.
(4) Bordeaux, 12 mai 1840.

mais, en ce cas, l'arbitre doit avoir déterminé le prix avant que le cessionnaire soit présenté à l'agrément de la chancellerie. On joint alors au traité le procès-verbal de la décision des arbitres, ou bien on consigne dans un traité supplémentaire et soumis, lui aussi, à la chancellerie, le prix fixé par eux (1).

Que le prix soit fixé par les parties elles-mêmes ou qu'il soit laissé à l'arbitrage d'un tiers, il faut toujours que le prix soit fixe et ferme au moment de la cession, sans jamais dépendre d'éventualités ultérieures. (2)

L'administration le veut ainsi, parce qu'elle tient à se rendre compte des conditions de la cession.

3° *Le prix doit être modéré et en juste rapport avec les produits de l'office cédé.*

Ce sont les termes mêmes de la circulaire ministérielle du 28 juin 1849.

Le garde des sceaux, dans une circulaire du 1er mars 1890, revenait sur cette question de la fixation du prix. (3)

---

(1) Coulon, Admiss. au not., p. 285.

Les parties ne pourraient donc s'en remettre à la Chancellerie et la constituer arbitre du prix de la cession. Douai, 13 août 1873. D., Suppl. Rép., V° Office, n° 41.

(2) 28 juin 1849 § 4, D., 49. 3. 62.

(3) « Vous devez vous efforcer de faire comprendre aux cédants que les offices ne sont pas une marchandise commerciale, encore moins un objet de spéculation dont la hausse doive entrer dans les combinaisons des notaires, mais une fonction publique dont la rétribution consiste essentiellement dans les produits annuels de l'exercice. » Circ. Garde des Sceaux, 1er mars 1890.

Ce n'est pas que le ministère public ait le droit d'imposer aux parties de baisser un prix trop élevé, il doit seulement les inviter à diminuer l'estimation. Si les parties s'y refusent, il doit transmettre les pièces au Garde des Sceaux (1). Le chef de l'Etat n'a pas non plus le droit de diminuer le prix stipulé, mais, étant maître de nommer ou non, il peut amener le cédant à plier devant ses exigences.

Dès 1817, la Chancellerie, pour combattre l'élévation croissante du prix des charges, affirma son pouvoir de limitation, et commença à tracer des règles pour l'évaluation des offices.

Le droit de limitation que se reconnaissait le gouvernement fut d'abord contesté. En 1830, le rapport de M. Sapey, qui n'avait pas force de loi, mais dont les conclusions ont été adoptées par la Chambre des députés, disait : « Dès le moment qu'il est admis que le titulaire d'une charge en a la propriété, on ne peut lui contester la faculté de la vendre et d'en déterminer le prix, en se conformant aux formalités prescrites. » La jurisprudence ne considéra pas comme obligatoire cette circulaire de 1817 (2).

(1) Lettre Garde des sceaux au Proc.-gén. Rouen, 16 avril 1875

(2) 20 juin 1820, D., Anc. rép., t. 10, p. 474.
Req., 8 fév. 1826, D., 26, 1, 158.

Mais des faits regrettables, survenus en 1837 et dans les années suivantes, modifièrent les dispositions de la législature et de la jurisprudence. Bientôt le droit de limitation du gouvernement fut mis hors de contestation. (1) En même temps qu'ils reconnaissaient à l'administration le pouvoir de faire réduire les prix de cessions, les tribunaux modifièrent dans un sens conforme leur jurisprudence en matière de contre-lettres. Aujourd'hui il n'y a aucune divergence parmi les cours et tribunaux, au sujet du droit de limitation que s'est attribué le gouvernement. (2)

4° *Le prix doit être ostensible*, c'est-à-dire que son chiffre réel doit être stipulé dans le traité soumis à la Chancellerie, et qu'aucune stipulation complémentaire ne doit lui apporter de modification secrète.

En annonçant que les présentations ne seraient pas accueillies, lorsque le prix serait hors de proportion avec les produits de l'office, on ouvrit en quelque sorte la porte à la fraude.

Au lieu d'un traité, on en fit deux. Dans l'un, destiné à l'administration, les contractants n'indiquèrent qu'une partie du prix convenu ; dans l'autre,

(1) Rapp. Carl, décis. Ch. des députés, 22 fév. 1840, D., Rép., V° Office, n°s 55 et 200.

(2) Cass., 19 nov. 1884, S., 86. 1. 265 — 5 août 1885, S., 86. 1. 268 — Cass., 22 mai 1889, S., 89. 1 452.

qui devait rester secret, le candidat s'obligea à payer en plus au titulaire une certaine somme qui, ajoutée à celle portée dans l'acte ostensible, donnait le prix réel de la cession. L'usage des contre-lettres devint ainsi général.

Antérieurement à 1840, le gouvernement avait cherché à s'assurer de la sincérité des traités, en exigeant des cessionnaires, le serment que le prix ostensible était le prix véritable, mais il dût bientôt renoncer à imposer cette formalité. Le ministre de la justice restait donc impuissant à combattre les prix exagérés des cessions, l'action disciplinaire n'offrant pas un remède bien efficace. La jurisprudence vint en aide à la Chancellerie désarmée. C'est par l'interêt privé qu'on essaya de mettre un terme à cet abus. Elle fit de la nullité des contre-lettres, selon l'expression de M. Perriquet, un axiome juridique.

§ 1. Nullité des contre-lettres

Ce n'est pourtant pas une proposition aussi évidente en soi, que ce mot d'axiome pourrait le faire croire. La nullité des contre-lettres a trouvé plus d'un contradicteur, et la jurisprudence, avant de l'avouer comme vérité juridique, dut abjurer une erreur, dans laquelle elle s'était assez longtemps complue.

En effet, depuis 1816 jusqu'à 1839, la jurisprudence avait validé les contre-lettres, (1)

Son système pouvait se résumer dans les considérations suivantes. La convention secrète qui contient un supplément de prix n'est nullement contraire à la loi. L'article 91 porte que les titulaires pourront présenter à l'*agrément* de Sa Majesté des successeurs, pourvu qu'ils réunissent les *qualités* exigées par la loi. Cette disposition laisse entendre que le Gouvernement aura tout pouvoir pour apprécier l'idonéité du sujet présenté, mais non que son droit de contrôle ira jusqu'à la connaissance de toutes les clauses de la cession. Par le mot *qualités*, le législateur veut exprimer les conditions de capacité et de moralité que le candidat doit réunir pour remplir les fonctions dont il sollicite l'investiture.

Loin d'être contraires à la loi, les contre-lettres sont au contraire permises par l'article 1321 C. civ.

Il faut donc conclure qu'aucune loi prohibitive

(1) Certaines décisions, qui n'avaient pas été rendues en matière de contre-lettres, avaient posé des principes, que les tribunaux n'avaient qu'à emprunter pour déclarer les contre-lettres valables. Req., 20 juin 1820, Dall., Anc. rép., t. 10, p. 474; Req., 9 fév. 1826, Dall., 26, 1, 158. La Cour de Grenoble décida que l'obligation pour supplément du prix de cession d'un office, consentie en dehors du traité ostensible, était licite. Grenoble, 16 déc, 1837, Dall., 37. 2. 181.

n'annule les contre-lettres relatives au prix des cessions d'offices. (1)

La loi de 1816 garde au moins le silence. Ce silence peut-être interprêté ainsi : Au moment où fut votée la loi du 28 avril 1816, depuis treize ans

(1) Comme on n'improvise pas de nullités, et qu'il faut au contraire un texte bien précis pour les établir, voici celui qu'un auteur a proposé.

« Ce texte, il est trop certain que nous ne saurions le trouver dans la loi de 1816, c'est donc au droit commun que nous devons nous adresser. Il est consigné dans l'article 1131 du Code civil. Mais l'article prévoit trois causes de nullité d'une obligation : nullité pour défaut de cause ; nullité pour fausse cause ; nullité pour cause illicite. Laquelle est applicable ici ? La dernière, disent la majorité des arrêts : la contre-lettre a une cause illicite. Nous n'admettons pas ce point de vue. La cause de l'obligation subsidiaire du nouvel officier — s'il y en a une — c'est l'excédant de valeur de l'office évalué par les parties sur le prix qu'a fixé l'Etat. La valeur économique d'un objet résulte de la taxation qu'en font ensemble le vendeur et l'acheteur ; si le prix officiel n'atteint pas cette somme, la différence sera la cause de l'obligation de l'acheteur, dans la contre-lettre. Or, qu'y-a-t-il d'illicite à payer une chose son prix intégral ? Aussi n'est-ce pas, croyons nous, la troisième partie de l'article 1131 qu'il faut appliquer ici, mais la première. L'obligation de l'acheteur sera nulle, faute de cause. Nous allons le prouver.

La transmission du titre ne peut s'opérer qu'avec le concours de l'Etat. C'est à ce prix seulement que la loi de 1816 l'autorise. Lors donc que l'Etat a fixé la valeur de la charge, cette valeur est légalement réputée vraie. Economiquement, elle ne pourrait croître que par un débat contradictoire des parties ; mais, juridiquement, le seul concours de leurs volontés est impuissant à faire de l'office une chose vénale. On ne peut donc pas dire que l'obligation subsidiaire de l'acheteur soit causée par un excédant de valeur de l'objet sur le prix officiel : l'écart est impossible entre ces deux quantités. L'obligation de l'acheteur est donc privée de cause, et, à ce titre elle est nulle. » Bartin, Théorie des contre-lettres, chap. II, p. 167.

l'article 1321 était promulgué, depuis plus de treize ans aussi, les offices étaient transmis à prix d'argent par de véritables contre-lettres. Le législateur ne l'ignorait pas ; en ne prenant contre les traités occultes aucune disposition formelle, il a virtuellement montré qu'il entendait se référer au droit commun.

A défaut du droit moderne, l'ancien droit ne peut pas davantage être invoqué. Les édits de 1665 et de 1669, et sans doute aussi celui de 1714, assignaient, il est vrai, des limites aux prix des offices, et prohibaient les contre-lettres destinées à tourner ces prohibitions, mais ces mesures étaient surtout applicables aux offices de judicature.

Si elle ne lèse aucun texte de loi, la stipulation d'une contre-lettre ne blesse pas davantage l'ordre public. Elle n'intéresse que la fortune personnelle du candidat. C'est là une question pécuniaire d'ordre tout-à-fait privé.

D'ailleurs l'action en nullité des contre-lettres se heurterait à une fin de non recevoir. S'il y a eu fraude, l'acquéreur y a trempé comme le vendeur, et c'est le cas d'appliquer la maxime : Nemo auditur propriam turpitudinem allegans.

Telle est la première jurisprudence. Elle était conforme aux idées exprimées dans le rapport de

M. Sapey, qui se référait généralement au droit commun. Mais, vers 1840, à la suite de scandales, dont la déconfiture de plusieurs officiers ministériels fut la cause, un revirement se produisit dans les dispositions de la législature et des tribunaux. Le rapport de M. Carl professa des principes tout différents de ceux du rapport Sapey. Il déclara que, ainsi que l'avaient reconnu la cour royale de Rennes et celle de Paris, la convention secrète d'un supplément du prix déclaré à l'autorité est nulle et contraire à l'ordre public. Les corps judiciaires se rallièrent à cette doctrine, et depuis cette époque, ils ne se sont pas démentis (1). Peu de temps après le rapport Carl, appelée à statuer sur la question, la Cour de Cassation s'était prononcée dans le sens de la nullité (2). Depuis le principe de la nullité a été proclamé par un grand nombre d'arrêts.

La Cour de Cassation, dans son arrêt du 7 juillet 1841, a motivé principalement sa doctrine de la nullité sur les observations suivantes de M. l'avocat-général Delangle : « Que comporte, littéralement parlant, l'*agrément* à donner ? L'examen préalable,

(1) Dans le sens de la nullité, on trouve d'abord un jugement du Tribunal de la Seine, 20 mars 1839 (Dall., 40. 2. 37, et, sur appel, un arrêt de la Cour de Paris (11 novembre 1839, Dall., 40. 2. 37). En faveur de la validité, on peut mentionner un arrêt de Toulouse, 22 fév. 1840 (Dall., 41. 1. 302).

(2) Req., 7 juillet 1841, Dall., 41. 1. 302.

non-seulement de la moralité et des aptitudes du candidat, mais encore du traité lui-même..... Pourquoi exiger l'agrément, sinon pour s'assurer : 1° que la charge sera honnêtement exercée; 2° que le titulaire ne s'impose pas de lourdes charges; 3° que, renfermé dans son état, en en respectant les limites, en en pratiquant les devoirs, il y trouvera une suffisante existence ? Est-ce qu'on ne sait pas qu'avec l'exagération du prix, ces résultats seront impossibles. » Il est d'une nécessité absolue que le Gouvernement « intervienne entre l'exigence du titulaire qui vend et l'imprudence du jeune candidat qui veut acheter ; qu'il repousse avec fermeté des traités dont les charges ne laissent point espérer de compensation... Pour que cette condition s'accomplisse, il faut que les déclarations du prix soient sincères ; que si elles sont fausses et dissimulées à l'aide d'un traité secret, il n'y ait pas d'obligation au-delà du traité ostensible, et que l'acte secret ne lie ni les parties, ni les cautions, car il y a violation expresse d'une loi d'ordre public (1). Et la Cour de Cassation déclara qu'il était « conforme au texte et à l'esprit de la loi du 28 avril 1816 que le gouvernement connaisse les

(1) Conclusions de M. l'avocat-général Delangle, Dall., 1841. 1. 302.

conventions passées entre les parties, afin de s'assurer si, soit par l'exagération du prix, soit par toute autre cause, elles ne renfermaient pas de stipulations contraires à l'ordre public ; qu'il suit de là que le traité fixé par le gouvernement...... ne pourrait, sans blesser l'intérêt public, être altéré par aucune contre-lettre. »

Bien que le principe de la nullité des contre-lettres, soit aujourd'hui d'une application générale, il convient de ne pas se faire d'illusion sur la solidité de son fondement juridique. Dans cette question, si pratique, des contre-lettres, la jurisprudence a suivi d'une manière un peu trop passive l'impulsion qu'a voulu lui donner l'administration ; elle n'a pas assez regardé si sa doctrine était appuyée sur de fermes principes de droit.

Nous avons montré que la nullité des contre-lettres était la conséquence de la limitation du prix Nous persistons à croire que la Chancellerie n'a pas sur le prix le pouvoir de limitation qu'elle s'est arrogée. Il est impossible, de l'aveu même des partisans de la nullité, (1) de considérer les clauses de traité, les conditions du prix en particulier, comme des *qualités du titulaire*, et de comprendre sous l'appellation

(1) Perriquet, Offices, n° 280.

caractérisée de lois, soit les circulaires ou autres actes des ministres, soit même les actes du chef de l'Etat.

La nullité ne découle pas davantage de l'esprit de la loi de 1816. Le pouvoir de contrôle que cette loi a conféré au Chef de l'Etat ne doit s'exercer que sur tout ce qui intéresse l'ordre public. Or les conditions relatives au prix, la fixation de son taux surtout, n'ont pas de relation avec l'ordre public. Un prix trop élevé pourra être préjudiciable à l'acquéreur ; pareille stipulation pourra nuire à sa fortune privée, mais les particuliers n'auront pas nécessairement à en souffrir. Ce n'est pas, parce qu'il aura acheté trop cher son étude, que l'officier ministériel pressurera ses clients, mais parce qu'il sera un fonctionnaire malhonnête, et l'élévation du prix des offices parait être sans influence à cet égard, puisque malgré l'habitude des contre-lettres, qui est générale aujourd'hui, les actes d'indélicatesse et les fautes professionnelles à reprocher aux officiers ministériels ne forment qu'une heureuse exception. Il faut observer d'ailleurs, qu'au point de vue moral, la doctrine de la jurisprudence est répréhensible ; quelle confiance accordera-t-on à l'officier public assez peu respectueux de ses engagements pour refuser la somme promise ! (1).

(1) M. Albert Wahl, dans une note du Sirey, 1894. 2. 291, fait

§ 2. La nullité de la contre-lettre laisse-t-elle subsister une obligation naturelle ?

Bien que, d'après la jurisprudence, la contre-lettre ne soit pas une convention civilement obligatoire, il peut arriver que le cessionnaire acquitte le supplément de prix stipulé. Si, plus tard, il veut actionner le cédant en restitution de la somme indûment payée, son action en répétition ne pourra être admise si la contre-lettre a au moins engendré une obligation naturelle.

Tout d'abord, la jurisprudence reconnut l'existence d'une obligation naturelle et déclara, par suite, le cessionnaire non recevable à invoquer la nullité de la contre-lettre volontairement exécutée (1).

Mais le revirement ne tarda pas à se produire. Plusieurs cours d'appel répudièrent la théorie de l'obligation naturelle (2). La Chambre civile consacra

---

remarquer qu'il y a, de la part de la jurisprudence, une singulière imprudence à maintenir en fonctions, dans les carrières où la plus stricte honorabilité est nécessaire, des contractants aussi peu scrupuleux à exécuter leurs promesses, car quelles garanties de pareils officiers publics peuvent-ils présenter ?

(1) Paris, 31 janv. 1840, D., 40. 2. 96 — 15 fév. 1840, D., 40. 2. 96 — 14 août 1840, D., 42. 1. 247 — Rouen, 18 fév. 1842, D., 42. 2. 121 — Metz, 14 fév. 1843, D., 42. 2. 90 — Colmar, 16 nov. 1842, D., 44. 1. 289 — Orléans, 8 fév. 1844, D., 44. 4. 276 — Cass., D., 43. 1. 3.

(2) Paris, 3 juin 1843, D., 43. 2. 174 — Bourges, 27 janv. 1843, D., 43. 2. 183 — Angers, 30 mai et 20 juin 1844, D., 44. 4. 274.

leur opinion (1), qui fut adoptée par la Cour de Caen sur renvoi (2) Depuis la jurisprudence est fixée en ce sens (3).

Bien que la théorie de l'obligation naturelle en matière de contre-lettres ne puisse aujourd'hui être plaidée utilement devant les tribunaux, nous croyons qu'elle est la mieux fondée en droit.

Les partisans de la répétition s'appuient sur les arguments suivants, dont nous ne donnons que le résumé.

1° En déclarant le paiement du prix stipulé dans la contre-lettre inattaquable, on fait produire un effet à une obligation illicite ; or, aux termes de l'article 1131, l'obligation fondée sur une cause illicite ne peut avoir aucun effet.

2° L'obligation illicite est assimilable à une obligation sans cause ; or, aux termes de l'article 1235, ce qui est payé sans cause, peut être répété ; cet article 1235, il est vrai, interdit la répétition à l'égard des obligations naturelles volontairement

(1) Civ., 30 juill. 1844, D., 44. 1. 289.

(2) Caen, 12 fév. 1845, 4 373.

(3) 1er août 1844, D., 44. 1. 293 — Paris. 24 fév. 1845, D., 45. 2. 71. — Req., 17 décembre 1845, D., 45. 4. 374 — Parmi les derniers arrêts, nous retrouvons : Civ., 27 mars 1888, D., 88. 1. 345 — Cass., 18 janvier 1888, S., 90. 2. 97 — Bourges, 18 nov. 1890, S., 93. 2. 241 — Nancy, 27 janv. 1894, D., 95. 2. 93.

acquittées, mais une obligation illicite ne peut être considérée comme une obligation naturelle, car on ne peut supposer « que le droit civil qui prohibe le contrat se prêterait en même temps à en protéger l'exécution, et il y a contradiction dans les termes entre nullité d'ordre public, c'est-à-dire absolue, et ratification possible, qui implique une nullité relative.

3° En matière d'offices, c'est le fait lui-même de paiement qui constitue la violation de l'ordre public, aussi le paiement est-il nul d'une manière absolue, et par suite donne-t-il ouverture à la répétition.

La vraie question est de savoir si une convention contraire à l'ordre public peut engendrer une obligation naturelle.

Le législateur n'a pas défini ce qu'il fallait entendre par le terme obligation naturelle.

Mais, comme c'est dans les ouvrages de Domat et de Pothier que les rédacteurs du Code ont puisé la théorie des obligations de notre Code Civil, il est peut-être possible en se reportant à ces auteurs de trouver la définition cherchée.

Pothier (1) classe parmi les obligations naturelles celles qui naissent d'une cause « improuvée par les lois » (n° 193), et dans le n° 195, il dit que le seul

(1) Pothier, Traité des Obligations.

effet des obligations naturelles est que « lorsque le débiteur a payé volontairement, le paiement est valable et n'est pas sujet à répétition, parce qu'il a eu un juste sujet de payer, savoir : celui de décharger sa conscience. Ainsi on ne peut pas dire que le paiement a été fait *sine causa* ; d'où il suit qu'il ne peut y avoir lieu aux actions qu'on appelle *condictio sine causa et condictio indebiti*.

D'après Pothier, dit M. Bozérian (1), le caractère de l'obligation naturelle dépendait, non seulement *de la qualité des contractants*, mais encore *de la qualité de la cause des contrats,* » et la cause contraire à l'ordre public pouvait bien empêcher qu'une obligation fût valable comme obligation civile, mais ne mettait pas obstacle à la formation d'une obligation naturelle dont l'exécution n'était pas soumise à répétition. Domat ne nous dit rien qui puisse nous renseigner sur notre question.

Si l'on consulte les discours des orateurs, qui, devant le Corps Législatif et le Tribunat, exposèrent le Titre des obligations, on trouve, au sujet de l'article 1235, les explications suivantes : « On ne considère comme obligations purement naturelles que *celles qui par des motifs particuliers sont considérées comme nulles par la loi civile* (2). Ce qui nous autorise

(1) Revue pratique, année 1858, t. V, n° 1, p. 30.
(2) Fenet, t. XIII, p. 263.

à penser qu'un des motifs particuliers ne peut tenir à ce que la convention est contraire à l'ordre public

Bigot-Préameneu, plus loin, cite, comme exemples d'obligations naturelles, celles dont la cause est trop défavorable pour que l'action soit admise (ce sont les termes mêmes de Pothier, qui par là entend toute cause improuvée par les lois).

On pourrait citer encore d'autres passages extraits des travaux législatifs relatifs au Code civil, y compris ceux qui parlent des dettes de jeu (1).

Des travaux préparatoires du Code comme des documents de l'ancien droit, il résulte, contraitrement à l'opinion d'Aubry et Rau (2), que l'article 1235 se réfère aux obligations naturelles frappées de réprobation par le droit positif, comme aux autres.

En admettant que l'obligation résultant d'une contre-lettre stipulant un supplément de prix, ne peut en aucune façon être exécutée, on ne fait pas attention qu'on préconise une violation de la bonne foi et de l'équité. Le cessionnaire et le cédant ont traité librement et en connaissance de cause.

La conscience de l'acheteur est certainement engagée, et il ne s'agit pas d'un simple devoir moral. Le simple devoir de conscience exclut la coercition.

(1) Fenet, t. XIV, p. 550.
(2) Aubry et Rau, t. VI, p. 297, note 26.

extérieure, tandis que l'obligation naturellle ne ferait point obstacle à ce que la législation la sanctionnât.

Or l'obligation de l'acheteur de l'office est bien un devoir, dont la nature ne fait pas obstacle à ce que le législateur le sanctionne en termes formels.

Enfin, si l'on veut empêcher la contre-lettre de produire aucun effet, il faut, pour être logique et équitable, non seulement admettre la répétition, mais aussi la restitution *in integrum*, puisque le cédant n'aurait pas vendu son office si on ne lui avait pas promis un supplément de prix.

A notre avis, en admettant la répétition, on s'écarte de l'esprit dans lequel l'article 1235 a été rédigé, et des règles de l'équité.

§ 3. Effets de la nullité.

Théoriquement, les contre-lettres peuvent donner lieu 1° à une action en nullité, tant que la contre-lettre n'a pas été exécutée ; 2° à une exception que le débiteur peut opposer à celui qui réclame l'exécution de la contre-lettre ; 3° à une action en répétition que peut exercer celui qui a payé, en recouvrement de la somme versée. Dans la jurisprudence, c'est surtout cette action en répétition que l'on voit en exercice à propos des différends élevés à l'occasion de contre-lettres.

La distinction précédente n'ayant pas d'intérêt pratique, nous simplifierons l'exposé des effets de la nullité, en les examinant par rapport à l'action en répétition.

Voyons d'abord quelles sont les personnes qui peuvent exercer l'action en répétition.

A. *Qui peut exercer l'action ?*

La nullité qui frappe la contre-lettre est une nullité absolue, car elle est d'ordre public. Tout intéressé peut donc, en principe, l'invoquer :

1° *Le cessionnaire lui-même.* Il pourra répéter le supplément de prix, même si le paiement a été fait par un tiers, mais, en ce dernier cas, à la condition qu'il y ait entre ce cessionnaire et le tiers un rapport de droit : donation, mandat ou gestion d'affaires, qui permette de prétendre que la somme versée par le tiers a été payée avec les deniers de l'acheteur (1).

2° *Ses héritiers, ayants-cause à titre universel.*

3° *Les tiers.*

Les créanciers du cessionnaire de l'office pourront agir en répétition, même dans l'opinion qui reconnaît à la contre-lettre la puissance de produire une obligation naturelle.

(1) Civ. rej. 20 juill. 1868, Sirey, 69. 1. 149 ; D., P., 68. 1. 372.

Une contre-lettre valable, en effet, ne leur serait pas opposable, puisqu'ils sont des tiers au sens de l'article 1321 ; il doit en être de même a fortiori de la contre-lettre qui n'engendre aucun lien civil.

La répétition serait aussi admise, si la contre-lettre était opposée par le cédant à des créanciers du cessionnaire qui, sur l'instance en validité de la saisie-arrêt formée entre les mains d'un second acquéreur par le vendeur, sont intervenus dans la cause pour soutenir que la créance de ce dernier devait être réduite au prix stipulé au traité apparent. (1)

Par application de 1321, il conviendrait d'admettre aussi les créanciers du cédant qui a consenti une contre-lettre diminuant le prix ostensible, à intenter une action en nullité de cette contre-lettre, ou une action en paiement de la partie du prix non versée au cédant en vertu de la convention secrète.

4° *Le ministère public.* (2)

(1) Req. 17 déc. 1845, D., P., 45. 1. 374.
(Autre hypothèse) Rennes, 9 avril 1851, D., P., 53. 2. 208.
(Caution) Rouen, 23 déc. 1840 ; D., Rép., V° Office, n° 253.
(2) Bourges, 27 janv. 1843, D., J. G, v° Office, n° 219.

B. *Contre qui peut-on répéter ? A qui peut-on opposer la nullité ?*

La nullité est opposable 1° *Au cédant ; à ses héritiers.*

2° *Au cédant mineur* lors de la cession, s'il en a connu le caractère illicite. Le mineur est, en effet, tenu de ses quasi-délits civils. (Art. 1310 C. civ.) Le mineur peut exercer, s'il y a lieu, son recours contre son tuteur. (1)

Il en est de même si le montant de la contre-lettre a tourné au profit du mineur. (Art. 1312 C. civ.) (2).

3° *Au cessionnaire du prix total* (prix ostensible et prix supplémentaire réunis). (3)

4° *Au cessionnaire du supplément de prix.*

Bien que la jurisprudence, en général, ne distingue pas entre le cessionnaire de bonne foi et celui de mauvaise foi, (4) il serait équitable que l'acquéreur

---

(1) Cass., 28 mai 1856. D., 1856. 1. 374.
Bordeaux, 10 juin 1853, D., P., 55. 2. 322.

(2) Metz, 29 mars 1859. D., Rép., V° Office, n° 246. La nullité ne serait pas opposable au mineur ignorant le vice du paiement. V. référence précédente.

(3) S'il y a plusieurs cessionnaires, la perte qui résulte pour eux de la nullité ou de la répétition doit être répartie entre eux suivant la part que chacun avait dans le prix total Lyon, 21 janv. 1847, D., 47. 2. 459.

(4) Rennes, 9 avril 1851, D., 53. 2. 208.

de la créance qui est de bonne foi ne puisse se voir opposer la nullité de la contre-lettre. (1)

5° *Quant au cessionnaire du prix ostensible*, la nullité de la contre-lettre ne peut lui être opposée (2).

C. *Objet de la répétition.*

1° *Le montant en principal.*

2° *Les intérêts.* — Si le cédant a reçu de bonne foi la somme stipulée dans la contre-lettre, il ne doit rembourser avec le capital que les intérêts du jour de la demande. Mais l'article 1378 est-il applicable à la situation générale, celle où le cédant et le cessionnaire, connaissant le caractère illicite de la contre-lettre qu'ils ont passée et la nullité qui la sanctionne, ont stipulé dans un traité occulte un supplément de prix ? Deux systèmes sont en présence : l'un n'exige la restitution des intérêts que du

(1) On pourrait appliquer, par analogie, au cessionnaire de bonne foi d'un supplément de prix, la jurisprudence établie à l'égard du cessionnaire de bonne foi d'une dette de jeu.

Civ. rej., 7. déc. 1854, S., 64. 1. 763; Cass. civ., 12 avril 1854, S., 54. 1. 3(3.

Malgré la tendance générale de la jurisprudence, certaines décisions montrent qu'il est fait quelquefois état de la bonne ou de la mauvaise foi. V. Lyon. 21 janv. 1847, S., 47. 2. 230. — Paris, 8 déc. 1868. S., 69. 2. 182.

(2) (Conséquences au point de vue de l'imputation). Cass., 12 déc. 1859, D., 60, 1. 129.

Seine, 6 juill. 1844, D., 95. 4. 277.

jour de la demande (1) ; l'autre, le plus rigoureux, autorise la répétition des intérêts depuis l'indû paiement (2).

D. *Faits mettant obstacle à l'action en répétition*

La jurisprudence n'admettant pas que la contre-lettre puisse produire ni une obligation civile ni une obligation naturelle, on ne pourrait invoquer contre l'action en nullité ou l'action en répétition ni l'exécution volontaire, ni la ratification expresse, ni la novation, ni la remise de dette, ni la compensation, ni la transaction.

Quant à la prescription, elle ne pourrait constituer une fin de non-recevoir, que si la nullité était invoquée par voie d'action. Bien que la question soit controversée en doctrine, c'est la prescription trentenaire et non la prescription décennale, qui est déclarée applicable par la majorité des auteurs.

§ 4. Contre-lettres relatives au prix.

Dans l'opinion de la jurisprudence, la contre-lettre, pour encourir la nullité, doit réunir les deux conditions suivantes.

(1) Paris, 31 janv. 1851, D., 52. 2. 38.
(2) Cass., 31 janv. 1853, D., 53. 1. 217. — Cass., 10 juin 1857 D., 58. 1. 117. — Bourges, 18 nov. 1890, D., 92. 2. 21.

1° Il faut d'abord que la contre-lettre ait été adjointe à un traité de cession.

Ainsi l'engagement contracté par un huissier envers un autre huissier, de lui payer une certaine somme à raison d'un échange de résidence, qui a été autorisé par le tribunal, est valable, bien qu'il n'en ait été donné connaissance ni au tribunal, ni à la Chancellerie. En effet il n'y a pas eu de cession (1).

Aucune distinction n'est à établir à raison de ce qu'il s'agirait de tel ou tel des offices énumérés par l'article 91 de la loi du 28 avril 1816 (2).

2° La contre-lettre ne peut être nulle qu'autant qu'elle *déroge au traité produit pour arriver à la nomination.*

Si la cession peut s'opérer sans que les parties aient à soumettre leur traité à l'administration, la contre-lettre dérogatoire sera valable (3).

Si la contre-lettre ne contient en réalité aucune dérogation à l'acte soumis à la Chancellerie, sa validité ne pourra être attaquée (4). Mais si au contraire il y a dérogation, quel que soit son caractère, la nullité s'appliquera (5).

(1) Agen, 17 juin 1861, D., 62. 2. 51.
(2) Cass., 24 juill. 1855, D., 55. 1. 331, et, sur renvoi, Limoges 10 déc. 1856, D., 57. 2. 236.
(3) Perriquet, Offices, n° 296—Req., 24 août 1853, D., 54, I. 355.
(4) Dall., Rép., v° Office, n° 222 — Toulouse, 12 déc. 1845, D., 46, 2. 46.
(5) Dall., Rép., v° Office, n° 223—Douai, 23 avril 1850, D., 4. 55. 52

Tel est le principe que la jurisprudence a poussé à ses extrêmes conséquences.

Voici, sous une forme ordonnée, les principales applications de cette règle.

1° *Aucun prix n'ayant été porté au traité ostensible, un prix a été stipulé dans une contre-lettre.* Un arrêt de Colmar du 1er juillet 1847 l'avait déclarée valable ; il a été cassé (1).

2° *La chose vendue ne reçoit aucune modification dans la contre-lettre, qui stipule seulement une augmentation de prix.*

Peu importe que la contre-lettre déroge directement et ouvertement au traité ostensible, en stipulant un prix supplémentaire, ou que, plus habile, elle déguise l'augmentation de prix sous la forme d'un contrat à titre onéreux, ou de toute autre manière. (2) Dans tous ces cas, nullité.

3° *La chose vendue restant la même, l'excédant stipulé dans la contre-lettre n'a pas porté le prix au delà de sa valeur réelle.*

La Cour de Bourges avait jugé qu'une telle contre-lettre ne pouvait être déclarée nulle. (3) La

(1) Cass. Civ., 29 novembre 1848., D., 49. 1. 14—V. Dalloz, Rép., V° Off., n° 224.

(2) Nancy, 12 mai 1864, D., 64. 2. 176.

(3) Bourges, 5 janv. 1850, D., 52. 2. 33.

Cour de Cassation a décidé que « cette distinction arbitraire et dangereuse n'enlèverait pas à la simulation son caractère d'illégalité, abstraction faite du but direct ou indirect de cette simulation. » (1) C'est en ce sens que la jurisprudence est fixée. (2)

4° *Le prix n'est point modifié, mais une portion de l'objet compris dans le traité est retirée à l'acheteur par la contre-lettre.* Supposons par exemple que la contre-lettre rétrocède au vendeur, sans diminution de prix, les débets ou recouvrements, qui étaient compris dans le prix total porté au traité ostensible. Pareil acte a pour effet d'élever le prix de l'office proprement dit. (3)

5° *Une partie de la chose vendue est conservée ou rétrocédée au vendeur par la contre-lettre, mais la convention secrète diminue le prix en proportion.* Cette contre-lettre était surtout usitée à l'époque où le gouvernement exigeait que les recouvrements fus-

(1) Cass. 22 fév. 1853, D., 53. 1. 41.

(2) Paris, 31 janv. 1851. S., 51. 2. 397; Pand. fr., 51. I. 326. Civ. cass., 13 juillet 1885, D., 86. 1. 263 ; S. 86. 1. 205.

(3) Orléans, 11 fév. 1847, D., 47. 2. 130 — 13 août 1847, D., 47 2. 175 — Cass. civ., 8 janv. 1849, D., 49. 1. 12 - 8 janv. 1849, D., 49. 1. 14,

Il faut qu'il y ait dérogation au traité ostensible. Si ce traité porte simplement cession de l'office et de la clientèle, sans parler des recouvrements. la contre-lettre qui réserve ces recouvrements ne peut être annulée. V. Rej. civ., 15 fév. 1858, D., 58. 1. 196

sent cédés en même temps que l'étude. Pour éluder cette prescription, les notaires cédaient ostensiblement leurs recouvrements à un prix fixé dans le traité, puis, dans une contre-lettre, en stipulaient la rétrocession pour le même prix. Cette rétrocession fut jugée valable par la Cour de Paris (1). Cet arrêt a été cassé (2). La Cour de Paris s'est ralliée à la doctrine de la Cour de Cassation (3).

6° *Nulle est même la clause qui diminue le prix* (4).

§ 5. Contre-lettres non relatives au prix.

Les contre-lettres, qui dérogent au traité soumis à la Chancellerie, sont nulles, lors même que ces dérogations, n'ayant pas directement le prix pour objet, n'intéresseraient que des clauses accessoires. Mais il n'y a nullité, que si ces clauses accessoires touchent à l'ordre public (5). L'ensemble des clauses et conditions du traité forme un tout invisible qui a été pris en considération par le Gouvernement.

Ainsi la contre-lettre qui fixe au jour de la cession

(1) Paris, 19 janv. 1850, D., 50. 5. 337; 8 juin 1850, D., 51. 2. 97.

(2) Cass., 22 fév. 1853, D., 53. 1. 41.

(3) Paris, 13 janv. 1862, D., 62. 2. 41.

(4) Bourges, 27 janv. 1843, D., 43. 2. 188 — Paris. 31 janv. 1851, D., 52. 2. 38.

(5) Cass. Civ., 3 janv. 1849, Dall., 49. 1. 14.

l'entrée en jouissance, que le traité indique pour le jour de la prestation de serment, est nulle (2).

La nullité frappe aussi le traité secret par leqrel le cessionnaire d'un office s'engage à fournir au cédant un supplément de garanties, pour le paiement du prix, au cas où celles qui sont mentionnées dans l'acte public seraient reconnues insuffisantes (3).

(2) Poitier, 12 déc. 1882. D., P., 83. 2 101.
(3) S., 1893. 1. 193.

SECTION VI

EFFETS DE LA CESSION

§ 1. Obligations du cédant.

Les obligations du cédant sont celles qui incombent au vendeur, dans le contrat de vente du droit commun, et qui sont ainsi résumées par l'article 1603 C. civ. : « Le vendeur a deux obligations principales, celle de délivrer et celle de garantir la chose qu'il vend. »

I

OBLIGATION DE DÉLIVRER

L'objet de la cession peut se décomposer ainsi :

1° L'office ;

2° La clientèle;

3° Les pièces, minutes, répertoires, dossiers, etc., qui sont nécessaires pour se mettre en rapport avec la clientèle ;

4° Les recouvrements.

Chacun de ces éléments de la chose vendue a son mode de délivrance qui lui convient.

1° L'office n'est pas, à proprement parler, susceptible de délivrance. Il appartient au chef de l'Etat de le conférer, comme nous le savons déjà. A l'égard de cet élément, le cédant en fera la délivrance en envoyant sa démission, où il désignera celui en faveur de qui elle est remise.

2° Il ne peut pas être question de délivrance proprement dite à propos de la clientèle, ou plutôt elle s'effectue avec la délivrance des pièces et papiers dont nous allons parler. (1)

3° La délivrance de la clientèle consiste dans la remise des pièces, registres, dossiers, etc. qui sont les éléments matériels de cette clientèle.

Cette obligation incombe aux héritiers, même bénéficiaires, du titulaire, comme au titulaire lui-même. (2)

Des débats assez fréquents s'élèvent, dans la pratique, au sujet de ce que doit comprendre cette délivrance particulière.

Il est d'abord certain que le cédant n'est pas obligé

---

(1) Par clientèle il ne faut entendre que celle qui se rattache à l'exercice des fonctions ministérielles elles-mêmes. La clientèle spéciale, que le cédant se serait formée, en s'occupant d'actes de gestion étrangers à l'étude, ne serait pas virtuellement comprise dans la clientèle, objet de la cession. V. Rouen, 26 mars 1866, S., 66, 2. 317.

(2) Besançon, 1er mai, sous Cass., 3 janv. 1881., S., 31. 1. 255.

de remettre à son successeur les papiers qui peuvent être considérés comme lui étant personnels (1).

D'une manière générale, les documents, notes, pièces, dossiers, registres qui sont les accessoires des minutes et répertoires, et qui ont pu être confiées à l'officier ministériel en raison de ses fonctions, doivent faire partie de la délivrance (2).

4° Il y a lieu à la délivrance des recouvrements quand ils ont été compris dans la cession. Cette délivrance s'opère par la remise de tous les titres nécessaires pour permettre au cessionnaire de forcer les débiteurs au paiement de leurs dettes.

II

DE LA GARANTIE

La garantie dont parle l'article 1603 a deux objets, que l'article 1625 définit ainsi : « le premier

(1) Cass., 3 janvier 1881, Sir., 81. 1. 255 (dans l'espèce, un notaire).

(2) Les dossiers d'une étude d'avoué sont un accessoire de l'étude. Cass., 13 juill. 1885; S., 86. 1. 205.

La délivrance doit comprendre les affaires terminées comme les affaires courantes. Rouen, 30 mai 1894, S., 95.2. 174.

Il a été jugé que le journal de taxe, le grand livre de taxe, le livre de caisse et le grand livre de caisse qui constituent la comptabilité personnelle du notaire avec ses clients, ne pouvaient être réclamés par le cessionnaire à titre d'accessoire de l'office cédé. Orléans, 21 juillet 1893, S., 2. 237.

est la possession possible de la chose vendue ; le second, les défauts cachés de cette chose, ou les vices rédhibitoires. »

A. *1er chef de la garantie : De la garantie en cas d'éviction.*

Le cédant doit garantir à son cessionnaire la possession paisible de l'office qu'il lui a vendu. Dans la vente en général, garantir la possession paisible de la chose vendue, c'est promettre de défendre l'acheteur contre l'éviction totale ou partielle dont il est menacé, et de l'en dédommager, si elle s'accomplit.

Stricto sensu, l'éviction est, ainsi que la définit Pothier, le délaissement qu'on oblige quelqu'un de faire en vertu d'une sentence qui l'y condamne. Dans un sens plus large, le mot éviction s'entend de toute privation que subit l'acquéreur de tout ou partie de la chose elle-même, ou de la valeur pécuniaire qu'elle représente, soit que cet acheteur soit dépossédé, en vertu d'une sentence judiciaire, ou abandonne la chose *proprio motu*, avant toute décision ordonnant le délaissement, soit qu'il ne puisse se faire mettre en possession, comme, par exemple, lorsqu'il est débouté d'une demande formée par lui contre un tiers possesseur, soit enfin que, tout en continuant de posséder l'objet, il voie seulement se transmuer le titre de sa possession, ou se trouve obligé, pour ne pas délaisser, de payer les dettes héréditaires. On appelle éviction proprement dite une éviction rentrant dans l'une ou l'autre des deux catégories précédentes.

Dans une troisième acception, le terme que nous définissons signifie tout préjudice, différent de précédents, souffert par l'acheteur dans l'intégrité de sa jouissance.

Si l'éviction, quelle que soit sa forme, donne lieu à la garantie, il en est de même, quel que soit son auteur. Le vendeur qui doit garantir son acheteur contre le fait d'autrui, doit aussi le garantir contre son propre fait.

Telle est la garantie dans la vente ordinaire, en ce qui concerne la libre possession de la chose vendue.

En matière d'offices, si le principe de la garantie, qui est de la nature de toute vente, est conservé, son application est forcément restreinte par le caractère particulier de notre sujet. C'est ainsi qu'il ne saurait être question d'une éviction proprement dite, selon la classification précédente.

Si l'office est une propriété privée, il est aussi une fonction publique, et le titulaire d'une telle fonction n'en peut être dépossédé que par la seule volonté du souverain qui l'a conférée. Donc pas d'éviction proprement dite à redouter ; par suite, pas de *trouble* possible.

Il est vrai que le Chef de l'Etat est, si l'on veut, un tiers capable d'évincer. Mais cette espèce d'éviction ne peut donner lieu à garantie. En effet, elle ne peut se manifester que sous trois formes : destitution, suppression ou démembrement.

La destitution ne peut donner lieu à la garantie, puisqu'elle ne frappe le cessionnaire qu'à raison de ses propres actes.

La suppression ne saurait davantage engager la responsabilité du vendeur. En effet, ou le décret de suppression est postérieur à l'installation du cessionnaire, ou il est antérieur.

Dans le premier cas, le contrat a atteint sa perfection, la perte doit être supportée par l'acquéreur en vertu de la maxime *res perit domino*, et parce que personne n'est garant du fait du prince (1).

Dans le second cas, la condition à la réalisation de

(1) Le possesseur actuel de l'office n'est donc pas dispensé par la suppression d'en payer le prix. Toutefois le cédant ou ses ayants-cause ne peuvent exiger leur payement, avant la liquidation de l'indemnité qui peut être allouée au titulaire par le Gouvernement. Rien n'empêche, du reste, les parties de stipuler dans le traité que le cessionnaire ne serait pas tenu, au cas où l'office serait supprimé, de payer le reliquat de prix qu'il pourrait devoir au moment de la suppression.

laquelle était attachée la perfection du contrat ne pouvant se réaliser, il y a lieu d'appliquer la règle du droit commun contenue dans l'article 1182, C. Civ. (1).

En cas de démembrement de l'office, si le décret de démembrement est antérieur à la prestation de serment, c'est encore l'article 1182 qui est applicable, et il y a lieu de se conformer à son alinéa 3 (2).

L'obligation de garantir la possession paisible de l'office trouve sa première et principale application en ce qui concerne les faits personnels du cédant qui, bien qu'ils ne constituent pas des cas d'éviction proprement dite, altèrent indûment la plénitude de la possession du cessionnaire.

De plein droit, et sans qu'il soit besoin d'une stipulation expresse, le cédant est tenu de ne rien faire qui puisse porter atteinte aux avantages résultant de la clientèle qu'il a cédée.

C'est ainsi, par exemple, qu'un cédant s'exposerait

(1) « Lorsque l'obligation a été contractée sous une condition suspensive, la chose qui fait la matière de la convention demeure aux risques du débiteur qui ne s'est obligé de la livrer que dans le cas de l'évènement de la condition. Si la chose est entièrement périe sans la faute du débiteur, l'obligation est éteinte. » Art. 1182, C. Civ.

(2) « Si la chose s'est détériorée sans la faute du débiteur, le créancier a le choix ou de résoudre l'obligation ou d'exiger la chose dans l'état où elle se trouve, sans diminution de prix. » Art. 1182, C. Civ.

à des dommages-intérêts, s'il continuait ses relations avec ses anciens clients (1); s'il cherchait à détourner de l'étude cédée des affaires pour en faire son profit (2); s'il faisait concurrence à son successeur par la rédaction d'actes sous seing privé (3); s'il cherchait à discréditer son cessionnaire auprès de la clientèle par des propres malveillants (4).

Une des espèces les plus curieuses de celles qui mettent en jeu la garantie de la paisible possession, en matière d'offices, est celle où le cessionnaire demande à son cédant, qui s'est réservé les recouvrements, de réparer le préjudice que la liquidation processive de ces débets a causé au bon renom de l'étude.

Cette question met en conflit deux droits qui, l'un et l'autre, sont également respectables : le droit de l'acheteur de recourir en garantie contre son vendeur qui a déprécié l'objet vendu ; le droit du créancier de saisir les tribunaux pour vaincre la résistance de ses débiteurs. Deux solutions contradictoires apparaissent, suivant le côté que l'on envisage. (5)

La Cour de cassation a résolu la difficulté en

(1) Orléans, 9 juin 1877, S., 79. 2. 47.
(2) Rouen, 16 avril 1890, S., 1892. 2. 241 (Huissier).
(3) Caen, 15 juin 1888, Rec. arrêts Caen, 89, p. 39.
(4) Rouen, 4 févr, 1870. S., 70. 2. 329.
(5) Sirey, 1892. 1. 449, note de M. Chavegrin.

appliquant le principe suivant lequel le droit d'agir en justice peut dégénérer en abus et donner lieu à des dommages-intérêts.

Mais quand l'exercice du droit de procéder devient-il un abus ? Sur le criterium, la Cour de cassation elle-même a une jurisprudence contradictoire.

Pour la Chambre civile, la faculté de recourir aux tribunaux ne devient blâmable qu'autant que se constate chez le plaideur une *mauvaise foi caractérisée* ou une *erreur équivalant au dol.* (1)

La Chambre des requêtes juge l'action en justice abusive, dès qu'elle est *imprudente et téméraire.* (2)

Dans un arrêt du 11 juin 1890 (3), la Chambre des requêtes s'est appropriée la doctrine de la Chambre civile, et, l'appliquant à notre espèce, elle a déclaré que les *procédés du cédant ayant été vexatoires*, la Cour de Grenoble, dans son arrêt du 31 juillet 1888, l'avait à bon droit condamné à des dommages-intérêts.

Ce qu'il y a d'original dans l'arrêt, remarque M. Chavegrin, c'est qu'il regarde la poursuite comme pouvant nuire à un autre que celui qu'elle vise. Mais

(1) 3 fév. 1892, S., 92. 1. 140. M. Chavegrin, note citée, donne sur cette jurisprudence une liste de quatorze arrêts.

(2) Cass. req. 1er juillet 1889, D., 90.1.375.

(3) Cass. req. 11 juin 1890, S., 92. 1. 449.

cela ne doit pas surprendre. L'abus du droit d'agir en justice dégénérant en acte illicite et devenant un délit ou un quasi-délit, toute personne qui en souffre doit être indemnisée.

M. Chavegrin estime que la doctrine de la Chambre civile adoptée cette fois par la Chambre des requêtes, restreint trop la responsabilité de l'ex-titulaire. Statuant sur les rapports du cédant et du cessionnaire d'office, la jurisprudence n'aurait pas de raison pour astreindre le second à prouver l'esprit de chicane ou l'erreur énorme du premier. Un lien contractuel les unit ; ils ont fait ensemble une convention, par laquelle le cédant s'est engagé à ne pas troubler la possession du cessionnaire. Les procès en recouvrements du prédécesseur l'obligent donc envers son successeur, toutes les fois qu'ils compromettent, même sans être gravement répréhensibles, l'exploitation de la charge. Légère ou non, la faute doit être réparée, car elle est une violation du contrat.

Le cessionnaire, il est vrai, par cela même qu'il a laissé les créances de l'étude au cédant, s'est lui aussi obligé envers lui ; il s'est engagé à supporter les actes de poursuite, même préjudiciables, qu'elles nécessiteraient. Le cédant devra donc échapper à la garantie quand les faits seront tels que, s'il avait reculé devant le procès, il aurait couru sérieusement le risque de ne pas être payé, et quand, de plus, il a apporté dans la conduite du procès tous les ménagements que pouvait exiger le crédit de l'étude. Voilà la solution donnée par M. Chavegrin à la question que nous venons d'examiner.

B. *2me chef de la garantie. Garantie des vices redhibitoires.*

Le cédant est tenu de la garantie, à raison des défauts cachés qui rendent la chose vendue impropre à l'usage auquel on la destine, ou qui diminuent tellement cet usage, que le cessionnaire ne l'aurait pas acquise, on n'en aurait donné qu'un moindre prix, s'il les avait connus. En effet l'article 1641, C. civ., dont nous venons de reproduire les termes, s'applique aux ventes de meubles incorporels, comme aux ventes de meubles corporels et d'immeubles. (1)

Les vices rédhibitoires dont l'office peut être affecté, sont susceptibles d'être divisés en deux catégories :

1° Pour toucher un prix élevé, le cédant a trompé la chancellerie et son acquéreur, soit en majorant le nombre exact des actes ou le chiffre réel des produits, soit en gardant le silence sur les commissions dont

(1) Aubry et Rau, 4e édit., § 355 bis, note 13.

étaient grevés les honoraires de certaines affaires, au profit des intermédiaires qui les avaient procurées.

2° Certaines circonstances postérieures au traité et imputables au cédant, telles que sa faillite, les abus de confiance dont il s'est rendu coupable etc... ont jeté la déconsidération sur l'office et relâché la fidélité de la clientèle.

De nombreux arrêts ont reconnu que dans les deux cas il y avait vices rédhibitoires (1).

Tel étant le fondement de l'action, la jurisprudence a appliqué à son exercice les règles de l'action en garantie pour défauts cachés de la chose vendue. Art. 1641 et suiv., C. civ.

L'article 1644 donne à l'acheteur, en cas de vices redhibitoires, le choix entre le droit de se faire restituer le prix en rendant la chose, et le droit de la garder et de se faire rendre une partie du prix. Le cessionnaire d'un office ne pourra exercer cette option que s'il n'a pas encore prêté serment. Après la prestation, le recours ne pourrait plus consister que dans une action en réduction.

Quant aux conditions d'exercice de l'action, le recours en garantie ne pouvait naître qu'en cas de

(1) Paris, 24 fév. 1845, Dall., 45. 2. 71.
Req., 6 déc. 1852, Dall., 53. 1. 118.

vices cachés. Si donc le cessionnaire a connu ou s'il a pu facilement connaître, avant sa mise en possession, les causes de dépréciation de l'office, il est censé les avoir pris en considération, et dès lors il n'est plus recevable à s'en prévaloir (1).

L'action était éteinte 1° quand elle n'était pas exercée dans un bref délai, conformément à l'article 1648 (2) ; 2° quand il y avait eu renonciation expresse ou tacite (3) L'action en réduction, en effet, était considérée comme n'ayant pas un caractère public, et ne touchant qu'à des intérêts privés.

Le cessionnaire qui a obtenu la réduction du prix ne pouvait obtenir la restitution des droits d'enregistrement afférents à la somme qui excède la valeur réelle. (4)

Quand les défauts de la chose étaient la conséquence de manœuvres frauduleuses et faisaient reconnaître l'existence d'un dol, la jurisprudence

(1) Caen, 22 juillet 1837, Dall., 28. 2. 118.
(2) Fontainebleau, 6 juill. 1843, Dall., 44. 3. 33.
Bordeaux, 19 nov. 1850, Dall., 51. 2. 159.
Nancy, 24 mai 1861, Dall., 61. 2. 159.
Bourges, 27 janv. 1843. S., 43. 2. 501.
Cass., 2 août 1847. S., 1847. 1. 705

(3) On trouve dans la jurisprudence comme cas de renonciation : le désistement du cessionnaire (Req., 10 juillet 1849, Dall., 49. 1. 327), le paiement du prix (Bourges, 19 mars 1845, et Rej. civ. 2 août 1847, Dall., 47. 1. 315.)

(4) Note Sirey, 1892. 1. 451.

prolongeait le délai d'exercice de l'action, et appliquait l'article 1304 C. Civ. S'il n'y avait pas dol, l'action pouvait encore être exercée même après un retard, mais à condition que ce retard fut dû à des circonstances particulières, et n'impliquât pas renonciation du cessionnaire (5).

Le droit de réduction est resté soumis à ces règles jusqu'en 1853. L'article 1641 ne permettait d'atteindre que la majoration des produits faite en fraude du cessionnaire, mais non celle à laquelle il avait consenti. Son champ d'application parut alors trop restreint. Pour réprimer plus énergiquement l'exagération des produits, la jurisprudence créa, à côté de l'action basée sur l'article 1641, une action tout à fait nouvelle, l'action en réduction pour fraude à l'Etat.

C'est la jurisprudence relative aux contre-lettres, nouvellement formée, qui détermina cette extension du droit de réduction. En effet, lorsque les deux parties se concertent pour enfler les revenus de la charge, et que leurs déclarations mensongères aboutissent à tromper le gouvernement, elles arrivent au même résultat qu'elles auraient atteint par le moyen d'une contre-lettre stipulant un supplément de prix. Cette

(5) Nancy, 24 mai 1861, Dall., 61. 2. 159.

identité du but et du résultat a déterminé la jurisprudence à appliquer les mêmes règles à l'un et à l'autre cas. « .... Il suit de là que l'obligation du cessionnaire, de payer en vertu du traité une somme qui excède la valeur de l'étude, est *frappée d'une nullité d'ordre public*, et donne lieu à la répétition de ce qui a été payé à ce titre ». (1) Telle est la sanction que la Cour suprême a attachée à la fraude à l'Etat, que nous venons d'indiquer.

Les observations qui ont été faites au sujet du principe de la nullité des contre-lettres retrouvent ici leur place (2). Les tribunaux, cette fois encore, ont appliqué d'une manière un peu trop passive les théories de l'Administration, et, sans se soucier des objections fort graves que soulève leur doctrine, ont donné raison à la Chancellerie contre les partisans de l'application, aussi large que possible, aux offices des règles du droit commun. Cette action en réduction pour fraude à l'Etat est une nouvelle conséquence du pouvoir extraordinaire de limitation que le gouvernement se reconnait sur le prix des cessions d'offices.

Basée sur les nécessités de l'ordre public, cette nouvelle action n'est pas soumise aux conditions d'exercice requises par l'article 1642 du Code Civil.

(1) Req.. 19 fév. 1856, Dall., 56. 1. 103.
(2) Sirey, 1894, 2. 291. Note de M. Albert Wahl.

Elle n'exige pas l'existence d'un vice caché au cessionnaire ou ignoré de lui (1). Il suffit qu'il y ait eu « des déclarations mensongères », et que ces déclarations aient déterminé l'approbation, par le gouvernement, d'un prix exagéré, lors même que le cessionnaire aurait participé à la fraude (2).

De ce que l'action en réduction prix est une action d'ordre public il résulte les conséquences suivantes :

A. *Qui peut la poursuivre ?*

L'action peut être intentée par tous les intéressés, cessionnaire, héritiers, créanciers.

B. *Contre qui peut-elle être exercée ?*

Contre le cédant et ses ayants-cause. Elle peut même être poursuivie contre un tiers, auquel l'officier démissionnaire aurait transporté le prix de cession, quand bien même l'acquéreur de l'office aurait accepté le transport et contracté une véritable obligation à l'égard du cessionnaire de la créance. (3)

(1) Agen, 23 août 1882, Dall., Supp. au Rép., V° Office, n° 63, note 1 ; Lyon, 1er mars 1888, Dall., 89, 1. 471 ; Douai, 24 mars 1890, Jurisprud. de la Cour de Douai, 1890, p. 126 ; Douai, 1er déc., 1873, Dall., Supplém. Répert., v° Office, n° 62, note 1.

(2) Rouen, 16 avril 1890, Dall., 91. 2. 173;
Bourges, 19 nov. 1890, Dall., 92. 2. 21.
Bordeaux, 2 juillet 1894, Defrénois, Répert. du notariat, n° 8906.

(3) Douai, 17 février 1896, Defrénois, Répert. du not., 1896, n° 8938.

C. *Faits mettant obstacle à l'exercice de l'action.*

Aucune ratification expresse ou tacite, telle par exemple qu'un paiement ou une renonciation, ne peut couvrir la nullité. (1)

Ni la transaction, ni le compromis ne peuvent éteindre l'action. (2)

Au sujet de l'extinction par l'accomplissement de la prescription, il est évident que le cessionnaire n'est pas soumis à la règle de l'article 1648 C. Civ.

La prescription de l'article 1304 n'est pas non plus applicable à son action. Cette courte prescription est basée sur une présomption de ratification tacite, qui n'est pas admise pour les nullités d'ordre public.

L'action en réduction pour fraude à l'Etat s'éteint seulement par la prescription de trente ans, (3) mais, comme en matière de contre - lettres, la nullité partielle du traité ostensible peut être opposée indéfiniment par voie d'exception, conformément à la maxime : *quæ temporalia sunt ad agendum, perpetua sunt ad excipiendum*.

(1) Bourges, 28 mai 1853, Dall., 53. 2. 1.—Orléans, 31 mars 1855, Dall., 55. 2. 225.

(2) Req., 6 déc. 1852. Dall., 53. 1. 118 — Bourges 19 nov. 1890, Dall., 92. 2. 21 — Cass., 30 juillet 1850, Dall., 50. 1. 217.

(3) Bourges, 28 janv. 1853, Dall., 53. 2. 1 — Colmar, 22 août 1860, Dall., Rép., v° Off., n° 302.

D. *Objet de la réduction.*

La réduction porte non seulement sur le capital stipulé dans le traité ostensible, mais aussi sur les intérêts. Ces intérêts courent du jour de la cession et non du jour de la demande en justice ; ceux qui ont été versés aux mains de l'officier démissionnaire constituent, depuis la date de leur réception, des capitaux qui portent eux-mêmes intérêts et dont le cédant doit la restitution au cessionnaire. (1)

Cette action en réduction pour fraude à l'Etat paraît destinée, autant qu'on peut le prévoir d'après les tendances de la jurisprudence la plus récente, à agrandir de plus en plus son domaine, et même à empiéter sur le domaine de sa voisine, l'action en garantie pour vices rédhibitoires.

La jurisprudence n'a tout d'abord accordé le caractère d'intérêt public à la demande en réduction de prix, que dans le cas où la production d'états mensongers avait déterminé l'élévation du prix. Elle a hésité longtemps à étendre cette action d'ordre public au cas où, le cessionnaire ayant acquis dans l'ignorance de la déconfiture du cédant, cette déconfiture, connue de lui plus tard, a entraîné une diminution notable des produits de l'office. Dans un arrêt du 6

(2) Bourges, 18 nov. 1890, Dall., 92. 2. 21.

février 1894, (1), la Cour de cassation a fini par décider que, quand le prix a été déterminé ou approuvé *dans l'ignorance de la déconfiture ou cédant*, dissimulée avec soin, la fraude ainsi pratiquée ou l'erreur ainsi permise constitue un vice qui entache d'une *nullité d'ordre public* le traité intervenu entre les parties, et autorise les juges à ordonner la réduction du prix agréé.

M. Chavegrin (2) estime qu'il résulte de cet arrêt que l'action en réduction peut être intentée par un cessionnaire, même lorsqu'il n'ignorait pas la situation de son cédant. Il pense même que la Cour de Cassation ira plus loin, et décidera, à la première

(1) Cass., 6 fév. 94, S., 95. 1. 177, Journ. not. 25439 : Dans la jurisprudence postérieure à cet arrêt, comme décisions conformes à sa doctrine, nous relevons les suivantes : Paris, 4 juillet 1896, Journ. not. 26153 ; Seine, 11 févr. 1897, Journ. not. 26411 ; et enfin un arrêt de Cassation rejetant un pourvoi formé contre un arrêt de la Cour de Douai du 17 février 1896 : Cass., 18 janv. 1898, Journ. not. 26473. Ce dernier arrêt, rendu dans une espèce où le cédant avait transporté sa créance à un tiers, déclare en outre que l'engagement du cessionnaire, dans la mesure de la réduction ordonnée par justice, ne peut servir de base à une novation valable.

(2) Chavegrin, note sous Cass., 6 fév. 94, S., 95. 1. 177

(3) Cass., 6 déc. 1852, S., 53. 1. 117; Cass., 13 déc. 1853, S., 54. 1. 74 — Douai, 1er dec. 1873, S., 74. 2. 101 ; Orléans, 13 fév. 1891, S., 92. 2. 241 ; Bourges, 18 nov. 90, S., 1892. 2. 241 ; Bourges, 26 janv. 1853, S., 53. 2. 113 ; Colmar, 22 août 1860, S., 61. 2. 549 — *Contra* Trib. com. Bordeaux, 24 mars 1893, rapporté avec Bordeaux 12 fév. 1894, S., 95. 2. 97.

occasion, que la réduction de prix, intéressant l'Etat lui-même, devra être prononcée en dépit de toute convention contraire expresse ou tacite. C'est la solution qu'elle applique déjà aux demandes formées pour exagération des produits (3) ; elle sera naturellement amenée à l'étendre au cas où le procès entamé s'appuiera sur la déconfiture, la faillite où sur quelque agissement blâmable du cédant.

Cette extension ne sera qu'une conséquence logique du principe posé par la jurisprudence au sujet de l'action en réduction de prix, et en matière de contre-lettres. Les contre-lettres sont déclarées nulles, l'action en réduction est ouverte en cas d'exagération des produits, parce qu'il y a un grave intérêt public à ce que l'obligation excessive contractée par l'acquéreur ne l'expose pas à des embarras d'argent, qui pourraient le porter à des agissements répréhensibles. Cette raison garde toute sa force, quels que soient les faits qui peuvent détruire l'équilibre entre les obligations du cessionnaire et le réel revenu de la charge. Que le prix de la charge ait été rendu excessif par telle ou telle circonstance, dans tous les cas il importe, pour le maintien de l'ordre public, que le cessionnaire puisse, abstraction faite des articles 1644 et suivants du Code civil, faire réduire ses engagements à la valeur réelle de l'office.

Est-ce à dire que les juges devront toujours, lorsqu'ils auront à juger une demande fondée sur l'inconduite ou l'infortune du cédant, prononcer la réduction. Comme le fait remarquer M. Chavegrin, ils auront à repousser les demandes, lorsqu'il apparaîtra que le prix a été *sciemment* agréé par le gouvernement. Ils devront garder la même réserve quand les agents du gouvernement auront commis une erreur impardonnable, en maintenant le prix de la cession tel qu'il leur était soumis. S'ils prononçaient quand même la réduction en pareil cas, les tribunaux s'érigeraient en censeurs d'une autorité qui ne relève pas de la justice.

§ 2. Obligations du cessionnaire

Comme l'acheteur, le cessionnaire est obligé de payer le prix au jour et au lieu réglés par la vente (art. 1650 C civ.); d'acquitter les frais et loyaux coûts du contrat (art. 1593 C. Civ.); de prendre livraison des minutes, registres, répertoires, etc....; mais il est aussi tenu d'une obligation spéciale, qui consiste à faire le nécessaire pour obtenir sa nomination et son installation.

C'est de cette obligation spéciale au cessionnaire que nous allons d'abord nous occuper.

I

OBLIGATION DE FAIRE LES DÉMARCHES EN VUE DE LA NOMINATION

A. *Obligation de se faire nommer*

A vrai dire, cette première obligation du cessionnaire ne lui est pas particulière, puisqu'elle n'est au fond que l'obligation qui incombe à tout débiteur obligé sous une condition suspensive de ne pas empêcher l'accomplissement de la condition. Seulement, tandis que cette obligation consiste ordinairement dans une abstention, l'obligation du cessionnaire est une obligation de faire.

Il est aisé de faire raison de ce que cette obligation existe à la charge du cessionnaire d'un office. Le traité de cession est un contrat soumis à une condition suspensive. Lorsque Primus s'engage à vendre son office à Secundus, et que celui-ci s'oblige à l'acheter, il est sous-entendu que ces obligations corrélatives ne pourront prendre naissance que si le Chef de l'Etat agrée Secundus comme le successeur de Primus. Pour que le Chef de l'Etat se prononce, donne ou refuse son approbation, encore faut-il que l'aspirant titulaire adresse lui-même une demande à l'effet d'être nommé au lieu et place de celui qui démissionne à son profit. Si, le traité conclu, le cessionnaire restait libre de postuler ou non l'office pour lequel il a traité, de faire parvenir ou non à la Chancellerie les pièces qui doivent accompagner la demande, en d'autres termes, s'il pouvait à son gré permettre ou non à l'évènement incertain, auquel se trouve suspendue l'existence du contrat, de se produire dans un sens favorable ou défavorable, la stipulation du cessionnaire ne serait autre qu'une obligation contractée sous une condition purement protestative de la part de celui qui s'oblige, sous une condition *si voluero*, c'est-à-dire une obligation nulle, aux termes de l'article 1174, et par suite le contrat de cession n'aurait même pas pu se former.

La première obligation du cessionnaire lui impose donc de faire les diligences nécessaires en vue de sa nomination et de son installation.

Trois cas peuvent se présenter. Il peut remplir exactement son obligation, ou tarder seulement à s'en acquitter, ou manquer à l'accomplir.

Nous n'envisagerons le cessionnaire que dans les deux dernières attitudes, après avoir fait remarquer que, dans un cas comme dans l'autre, le cédant ne peut poursuivre contre lui l'exécution de l'obligation elle-même, car on ne peut être nommé à un office ou installé dans une charge que de son propre consentement.

1° *Le cessionnaire tarde à solliciter sa nomination.*

Si ce retard ne peut lui être imputé à faute, il est à l'abri de toute réclamation. (1)

S'il y a faute, il est passible de dommages-intérêts, (2) et il peut, en outre, être exposé, après une mise en demeure, à une action en résolution. Le Chef de l'Etat n'étant encore saisi d'aucune demande, rien ne s'oppose à l'application de l'article 1184, C. civ.

2° *Le cessionnaire manque à se faire nommer.*

Si la nomination n'a pu intervenir parce que la demande n'a même pas été présentée, il y aura lieu ou non à des dommages-intérêts, suivant que le cessionnaire aura ou non commis une faute. Si, bien que la demande ait été envoyée au gouvernement, les démarches du cessionnaire n'ont abouti qu'à un échec, le refus, par le gouvernement, de la nomination sollicitée n'a point, en général, d'autres effets que ceux d'un cas de force majeure, et n'engage la responsabilité d'aucune des parties. La condition à laquelle était subordonnée la cession est défaillie ; tout se passe comme s'il n'y avait pas eu de contrat.

(1) Req., 30 nov. 1863. Dall., 64 1. 34.

(2) Rennes, 1er fév. 1834, Dall., 34. 2. 209 — Douai, 26 janv. 1839, Dall., 40. 2. 4 — Lyon, 5 juill. 1849, Dall., 50. 2. 106 — Nancy, 10 nov. 1853, Dall., 54. 5. 518

Il en est de même si le gouvernement, avant de donner son approbation, exige des modifications auxquelles le successeur refuse de souscrire (1). Telle serait par exemple l'obligation de payer une indemnité à un tiers.

Cependant la responsabilité du cessionnaire se trouverait engagée s'il dépendait de lui de faire cesser la cause qui motive le veto de l'administration. Ainsi un Tribunal a pu, à bon droit, prononcer une condamnation à des dommages-intérêts contre un avoué qui, après avoir traité avec un notaire, refusait de se démettre préalablement.

Le cessionnaire serait encore responsable du rejet de sa demande si, bien qu'il ne dépendit pas de lui de la faire aboutir, comme dans l'exemple précédent, le refus du gouvernement était dû au défaut des conditions d'aptitude exigées, et pourvu toutefois que ce défaut ait été caché au cédant, ou que ce dernier ait été raisonnablement autorisé à croire son successeur placé dans les conditions requises (2).

Quantum de l'indemnité.

Ce quantum doit être déterminé d'après les règles

(1) Bordeaux, 18 juillet 1840, Dall., Rép., V° Office, n° 153.
(2) Angers, 16 déc. 1840, D., 41. 2. 48.

ordinaires en matière de conventions. Il doit être mesuré au préjudice éprouvé par le cédant.

Le droit d'appréciation, dont les tribunaux sont investis à cet égard, ne peut cependant aller jusqu'à les autoriser, à moins de supposer des circonstances exceptionnelles et bien rares, à élever, ainsi que l'a fait la cour de Rennes, le chiffre de l'indemnité au prix stipulé pour la cession. (1)

Non seulement, pour fixer le quantum de l'indemnité, les tribunaux doivent mesurer l'importance plus ou moins grande du préjudice, mais ils doivent aussi apprécier le degré de gravité de la faute. (2)

B. *Obligation de se faire installer*

L'obligation, qui est imposée en cessionnaire, de faire toutes les diligences nécessaires pour obtenir sa nomination, n'est pas entièrement remplie dès la publication du décret qui le nomme à la fonction. Pour qu'elle soit totalement accomplie, il faut de plus que le cessionnaire se fasse installer, c'est-à-dire verse le cautionnement et prête le serment légal.

A partir de la nomination et jusqu'à l'installation, le cessionnaire n'a qu'un titre sans solidité et d'une existence précaire. Il y manque si bien quelque chose

(1) Rennes, 1er févr. 1834, Dall., Rép., v° Office, n° 142.
(2) Angers, 16 déc. 1840. Dall., 41.2.48.

qu'avant son installation, le successeur ne peut accomplir aucun acte en qualité d'officier ministériel. Le vice qui affecte ce titre, et que seule la prestation de serment peut purger, est une sorte de prescription qui court à partir du décret de nomination, et qui s'accomplit par un laps de temps plus ou moins long, selon les cas.

La nomination s'analyse donc en deux parties : 1° l'acte par lequel l'Etat offre à une personne telle fonction, à condition qu'elle prêtera dans un certain délai le serment exigé des fonctionnaires ; 2° l'acte par lequel le titulaire confirme sa volonté d'accepter en prêtant le serment imposé.

L'obligation du cessionnaire de faire toutes les diligences nécessaires en vue de sa nomination comprend donc l'obligation d'accomplir les démarches nécessaires pour obtenir le décret de nomination, et celle de faire produire à cette nomination tous ses effets, c'est-à-dire de se faire installer.

II

OBLIGATION DE PAYER LE PRIX

Le cessionnaire est aussi tenu de payer le prix.

Cette obligation prend naissance au moment où le contrat atteint sa perfection, par la réalisation de la condition, c'est-à-dire au moment où la nomination se confirme et s'achève par la prestation de serment.

A. *En quel temps le prix doit-il être payé?*

La réponse nous est fournie par les articles 1650 et 1651 C. civ. Le prix doit être payé au jour fixé par le traité de cession, et si rien n'a été réglé à cet égard, le cessionnaire doit payer dans le temps où doit se faire la délivrance. La délivrance doit avoir lieu nécessairement aussitôt après la prestation de serment. Mais le terme du paiement est le plus souvent fixé par une clause du traité. Les parties ont-elles toute liberté à cet égard? Peuvent elles convenir que le prix sera payable avant la nomination?

En droit commun, rien n'interdit au vendeur, dans une vente sous condition suspensive, de stipuler que le prix sera payable avant l'avènement de la condition. Dans notre matière, le prix doit être stipulé payable après la prestation de serment au plus tôt. Toute clause stipulant un paiement antérieur à l'installation est rigoureusement prohibé, alors même que le cédant n'aurait pas de créanciers auxquels ce paiement pourrait porter préjudice (1). On ne pourrait donc convenir que le prix se compensera avec pareille somme dûe au cessionnaire par le cédant (2).

(1) Décis. min. 17 août 1833 ; 10 janv. 1840.
(2) Circ. 28 juin 1849, § 4, D. P. 49. 3, 62.

Mais supposons que, malgré ces prohibitions, le paiement a été effectué avant l'installation, quel sera l'effet de ce paiement anticipé ? De deux choses l'une, ou le traité approuvé par la Chancellerie fixe une date postérieure à l'installation ou il est muet sur ce point.

La pratique suivie actuellement par la Chancellerie, que nous venons d'indiquer, diminue sensiblement l'intérêt qui pouvait s'attacher à la question de savoir quelle était la valeur des paiements anticipés, quand le traité soumis à la Chancellerie ne contenait aucune clause relative au terme du paiement.

La nullité avait été prononcée par plusieurs arrêts, (1) mais les motifs de cette jurisprudence étaient si faibles que cette doctrine avait été rejetée par la Cour de Cassation, (2) et les paiements étaient tenus pour réguliers, à moins qu'ils ne fussent reconnus frauduleux, en fait, et par application des règles du droit commun.

La seule hypothèse pratique aujourd'hui est celle d'un paiement effectué avant la prestation de serment, en contravention au traité qui stipule comme terme du versement du prix la date de l'installation.

(1) Marseille, 17 juillet 1840, D. 41. 3. 156 — Riom, 10 fév. 1845 D., 45. 2. 190.

(2) Aix, 8 janv. 1841, D., 41. 2. 203 — Req. 8 nov. 1842, D., 42. 1. 412.

La Chancellerie n'admettant plus que les traités stipulant le prix payable après la prestation de serment, le paiement antérieur à cette prestation ne peut, par conséquent, avoir lieu sans une dérogation au traité ostensible, qui est, par cela seul, frappée de nullité. La Chancellerie motive son exigence sur des considérations d'ordre public, lequel est intéressé à ce qu'un officier public ne s'associe pas aux actes par lesquels son cédant frustrerait ses créanciers. La jurisprudence sanctionne cette pratique de l'Administration. Il en résulte qu'un paiement anticipé n'est pas opposable aux créanciers du cédant, et que l'acquéreur de l'office qui l'a consenti ne peut l'imputer sur son prix à l'encontre de ces créanciers, alors même que le paiement aurait été opéré antérieurement aux saisies-arrêts qu'ils auraient formées, et leur opposer de ce chef la compensation. (1)

C'est un arrêt de cassation du 2 mars 1864, qui le premier,a appliqué au paiement fait par anticipation, le système de la nullité appuyé sur la base que nous venons d'indiquer (2).

(1) Civ. rej. 5 août 1885. D. P. 86. 1. 167,
La nullité frapperait également la convention par laquelle un tiers s'engagerait à effectuer le paiement pour le compte du cessionnaire avant la prestation de serment. Req. 8 mars 1887, D.P. 87. 1. 499.

(2) Cass., 2 mars 1864, D., 64. 1. 155.

Jusqu'à cette date, la jurisprudence était restée indécise. Tantôt elle avait penché à annuler le paiement (1), mais pour des raisons si mauvaises que nombre de décisions s'étaient prononcées au contraire en faveur de la validité, et que la Cour de Cassation avait consacré ce dernier système (2)

B. *Cession du prix.*

Jusqu'à l'arrêt de 1864, le sort de la cession du prix de l'office avait suivi celui du paiement. Les règles du transport et celles du paiement, à ce point de vue, étaient identiques, et pour identité de motifs (3).

Mais quand la Cour de cassation commença à revenir du système de la validité et à prononcer l'annulation du paiement anticipé, elle fit exception à la règle de la nullité à l'égard de la cession du prix. Il avait déjà été décidé que la cession du prix d'un office, antérieure à la nomination, était valable et attribuait au cessionnaire un droit exclusif à la

(1) Angers, 12 août 1840. V. Dall., Rép., V° Obligations, n° 1795; Riom, 10 fév. 1845, D., 45. 190; Marseille, 17 juillet 1840. V. Dall., Rép., V° Off., n° 280.

(2) Aix, 8 janv. 1841, et, sur pourvoi, Req. 8 nov. 1842., V. Dall., Rép., V° Off., n° 280.

(3) *Décisions annulant la cession:* trib. Seine, 5 avril 1843, et sur appel, Paris, 23 déc. 1843. V. Dall., Rép., V° Office, n° 279.

En sens contraire : Civ cass. 15 janv. 1845, D., 45. 1. 93; Paris, 11 janv. 1851, D., 52. 2. 64.

propriété de ce prix, à l'encontre de saisissants postérieurs, alors même que cette cession ayant été stipulée dans le traité soumis à la Chancellerie, celle-ci aurait exigé la suppression de cette clause (1). Un arrêt de la Cour de cassation du 21 juin 1864 sanctionna cette théorie (2). Aujourd'hui, c'est la même opinion qui est en faveur ; la cession n'est pas assimilée à une contre-lettre dérogeant à l'acte de résignation soumis à la Chancellerie, et ne peut, par suite, être frappée à ce titre d'une nullité d'ordre public. Le but de la contre-lettre est de modifier le contrat principal ; d'où il suit qu'elle ne peut intervenir qu'entre les mêmes parties, seules capables de déroger à leurs conventions primitives. Or le transport du prix consenti par le cédant à un tiers est, par définition, une convention n'intervenant pas entre les mêmes personnes qui ont été parties au traité (3).

Cependant la jurisprudence ne valide pas, dans tous les cas, la cession portant sur l'indemnité dûe par un officier ministériel à son prédécesseur. La doctrine peut être résumée dans la formule suivante. La cessibilité n'est pas permise dans tous les cas où

(1) Toulouse, 12 déc. 1845, D., 46. 2. 46.
(2) Civ. cass. 21 juin 1864, D., 64. 1. 385.
(3) Grenoble, 11 mars 1870, D., 71. 5. 336 ; Blois, 28 juillet 1886, D., 87. 2. 195 ; Arras, 23 juillet 1890, D., 92. 2. 252 ; Bourges, 18 nov. 1890, D., 92. 2. 21.

cette indemnité existe à la charge du nouveau titulaire, et dans le cas où elle est autorisée, elle n'est possible que dans certaines conditions de temps.

La jurisprudence distingue d'abord entre le cas où la démission est volontaire, et celui où il s'agit d'une démission forcée ou d'une destitution.

Dans la première hypothèse, elle reconnaît au cédant le droit de transporter à un tiers le prix de sa démission.

La démission est dite forcée quand la chancellerie, qui pourrait provoquer la destitution de l'officier, se contente de l'obliger à se démettre dans un certain délai. L'officier démissionnaire peut-il, en pareil cas, céder l'indemnité qui lui est dûe par son successeur ?

La question s'est présentée pour la première fois, en 1895, devant la Cour de Montpellier ; elle a été résolue par la négative. (1) Certains considérants de l'arrêt paraissent pourtant ne prohiber que la cession qui aurait lieu avant la prestation de serment du nouveau titulaire.

M. Wahl combat la doctrine de cet arrêt. (2) Il fait justement observer que la jurisprudence se contredit elle-même en accordant à l'officier, en cas

(1) Montpellier, 21 fév. 1895, S., 96. 2. 185.

(2) V. note de M. Wahl sous l'arrêt précité du 21 fév. 1895, S., 96. 2. 185.

de démission forcée, d'une part, le privilège du vendeur, (1) et en refusant d'autre part d'admettre la cessibilité du prix de la charge. « Du moment que le vendeur d'un office a le privilège du vendeur sur l'indemnité attribuée à son successeur contraint à démissionner, c'est que cette indemnité appartient au démissionnaire et fait partie de son patrimoine ; il peut donc en disposer, comme il peut disposer de tous ses biens au préjudice de ses créanciers chirographaires. » (2)

En cas de destitution, on ne peut douter au contraire que l'indemnité soit incessible. Non seulement cette indemnité ne peut être considérée comme un prix de vente, soumis au privilège du vendeur, (3), mais l'officier ne conserve même pas sur cette indemnité une créance qui puisse faire l'objet d'une cession. La destitution fait perdre à l'officier, qui en est frappé, tous ses droits, non seulement sur l'office mais aussi sur sa valeur pécuniaire. Si l'État impose au successeur une prestation, c'est qu'il le veut bien, et il donne à cette somme la destination qu'il lui convient. Il l'attribue aux créanciers ; l'officier destitué

(1) Agen, 28 déc. 1892, S., 1893. 2. 7 — V. aussi Bordeaux, 10 fév. 1891, S., 92. 2. 121.

(2) Wahl, note précitée.

(3) Amiens, 2 fév. 1892, et Agen., 28 déc. 1892, S., 93. 2. 7.

n'ayant aucun droit sur elle, ne pourrait donc en disposer (1). Aussi la jurisprudence déclare-t-elle que l'indemnité dûe en cas de destitution ne peut être cédée. (2)

En résumé, d'après la jurisprudence, seule la démission volontaire peut rendre possible la cession du prix.

Il est certain que cette cession peut se faire après la prestation de serment. Serait-elle encore valable si elle était faite antérieurement ? Oui, pendant la période qui va de la nomination à la prestation de serment (3). La nomination n'a pour effet que d'achever la perfection du contrat de cession, et si, dès qu'elle a eu lieu, le prix n'est pas encore exigible la créance n'en existe pas moins.

La créance est même cessible dès la conclusion du traité. Pourtant, certaines décisions judiciaires ont conclu à la nullité d'une cession faite avant la nomination comme portant sur une créance future (4). La Cour de Cassation, évitant le débat sur la question de savoir si la créance future est cessible ou non,

(1) Cass. 13 fév. 1849, S., 49. 1. 285.

(2) Cass. 8 déc. 1852. S., 53. 1. 106.

Angers, 18 juillet 1855. S., 1855. 2, 615.

(3) Blois, 28 juill. 1886, sous Orléans, 8 mars 1887, S., 88. 2. 189. V. autres arrêts cités ci-dessus.

(4) Trib. Seine, 5 avril 1843, S., 43. 2. 402 ; Paris, 25 déc. 1843, S., 44. 2. 401 ; Bourges, 11 déc. 1844, S., 46. 2. 271.

déclara que la créance est, non future, mais conditionnelle, attendu que la nomination à laquelle est subordonnée la cession est une condition suspensive de ce contrat, douée par cela même de rétroactivité (1). Mais, d'après la théorie de M. Wahl, c'est une conception fausse que celle qui voit, dans le traité proposé à l'approbation gouvernementale, un contrat soumis à une condition suspensive. S'il en était ainsi, comment pourrait-on rendre raison de ce que l'effet rétroactif se produirait dans certains cas et non dans d'autres. Pourquoi, d'une part, l'existence de la créance du prix remonterait-elle à la date du traité, par la vertu rétroactive de la nomination réalisée, tandis que, d'un autre côté, les actes rédigés par le nouveau titulaire avant l'avènement de la condition, ne seraient pas déclarés valables, même si la condition se réalise ultérieurement. Aussi faut-il considérer l'approbation du Gouvernement comme le complément du traité (2). Elle est au traité, ce que le décret de promulgation est à la loi, ce que l'autorisation du conseil de famille est à l'acte passé par le tuteur.

Pour pouvoir valider la cession faite dans l'intervalle de la conclusion du traité à son approbation par

(1) Cass. 8 nov. 1842, S., 42. 1. 929; Paris, 26 juill. 1843, S., 42. 2. 523; Cass. 15 janv. 1845. S., 45, 1. 84; 16 janv. 1849, S., 49. 1. 282; Paris, 11 janv. 1851, S., 51. 2. 6.

(2) Wahl, note précitée.

le gouvernement, il faut donc admettre la cessibilité des créances futures.

Si on admet, avec M. Wahl, qu'une créance future est parfaitement cessible, on est amené à résoudre par l'affirmative la question de savoir si le titulaire peut céder le prix de l'office même avant la conclusion du traité, contrairement à l'opinion de la jurisprudence sur ce point (1).

Le droit commun accorde au vendeur de nombreuses garanties pour assurer le paiement de son prix : 1° le droit de rétention (art. 1612 C. civ.) ; 2° un droit de saisie-revendication, quand la chose vendue est mobilière (art. 2102 - 4° C. civ.) ; 3° le droit de demander la résolution du contrat (art. 1654 C. civ.) ; 4° un privilège sur l'objet de la vente. Ces diverses garanties viennent renforcer l'action du vendeur en paiement du prix qui lui est dû.

Le cédant d'un office est beaucoup moins protégé. La nature particulière de la chose qu'il vend l'empêche de conserver à sa disposition un faisceau de garanties aussi important. Il ne saurait être question ici de droit de rétention. L'exercice de ce droit revient à ajourner la délivrance de la chose vendue jusqu'au paiement du prix. Or, nous l'avons vu, en matière de

(1) Caen, 27 déc. 1858, S., 59. 2. 283 ; Toulouse, 24 janvier 1866, S., 67. 2. 88.

cession d'office, le prix n'est pas exigible avant la prestation de serment, et, d'autre part, la délivrance doit nécessairement avoir lieu aussitôt après l'installation, ni plus tôt, ni plus tard. Par le fait de cette prestation, le cessionnaire est investi définitivement du titre et de la fonction, et il est évident qu'un simple particulier est sans autorité et sans droit pour empêcher un officier public de remplir les devoirs de sa charge.

La revendication et la résolution ne sont pas plus admissibles que le droit de rétention, et pour le même motif. L'intérêt général de la société prime l'intérêt particulier du cédant. Quelles que légitimes que soient les prétentions de l'ancien titulaire non payé, on ne saurait l'admettre à faire tomber le décret de nomination qui a investi son successeur et à reprendre l'office. Mais il n'est pas complètement désarmé. Il lui reste le privilège établi par l'article 2102 - 4° en faveur du vendeur d'effets mobiliers non payé. La jurisprudence, après quelques dissidences de peu de durée, a reconnu au vendeur de l'office un privilège qui frappe le prix entre les mains du titulaire débiteur (1). Malgré l'importance qui s'attache à la question du privilège du cédant, nous ne saurions le traiter ici sans sortir du cadre de notre travail.

(1) Amiens, 2 février 1892, S., 93. 2. 7.

CHAPITRE II

Echange

L'administration prohibe d'une manière absolue l'échange d'un office soit contre un immeuble, soit contre un objet mobilier précieux. Cette prohibition s'explique par le droit de contrôle que l'Etat exerce sur les transmissions d'offices. Si l'échange était permis, l'administration ne pourrait pas se rendre facilement compte des rapports existant entre la valeur de l'office et celle de son équivalent.

Mais deux offices peuvent être échangés l'un contre l'autre. Seulement, en pareil cas, elle exige que deux traités soient rédigés relativement à l'un et à l'autre office, et qu'ils soient enregistrés séparément, (1).

L'échange d'offices se résout donc en deux cessions

---

(1) Greffier, p. 50.

distinctes, et chacun des actes reçoit séparément, et sans que l'un puisse influer sur l'autre, l'application des règles de la cession (1).

(1) Paris, 11 nov. 1839, D., 40. 2. 37.

TITRE II

CESSION A TITRE GRATUIT

On n'a jamais mis en doute qu'un office ministériel puisse faire l'objet d'une donation. C'est même le seul mode de transmission que la loi de 1816 autorise expressément ; la faculté de stipuler un prix à raison de la présentation n'est contenue dans l'article 91 que d'une manière implicite.

I

FORME DE LA DONATION D'OFFICE

En droit commun, la donation est soumise à certaines conditions de forme prescrites à peine de nullité. C'est un contrat solennel. Sa solennité consiste principalement en ce que la volonté du donateur de se dépouiller au profit du donataire et l'acceptation de celui-ci en termes exprès doivent être constatées dans la forme authentique.

La Chancellerie n'admet pas la cession à titre

gratuit d'un office contenue, soit dans un acte de donation, sait dans un contrat de mariage, en se fondant sur ce qu'elle ne peut admettre un titre irrévocable qui engage le titulaire envers le successeur désigné, quelle que soit la décision du Gouvernement (1).

La jurisprudence a sanctionné cette pratique administrative. « La loi de 1816, dit un arrêt, n'assujettit les présentations à aucune forme. » (2) Aussi a-t-il été jugé qu'une démission sans indication de prix peut être considérée comme une donation, et qu'elle produit les effets attachés à ce contrat (3).

Cette exception au droit commun ne se justifie guère. A l'argument tiré du texte de l'article 91, sur lequel s'appuie l'arrêt de 1826, il est facile de répondre que cet article ne s'est proposé que d'établir le droit de présentation. En gardant le silence sur les formes de la transmission de ce droit, la loi de 1816 s'est référée simplement au droit commun.

Les articles 6 et 8 de la loi du 25 juin 1841, qui exigent que la convention soit constatée par écrit et enregistrée avant d'être produite à l'appui de la demande, ne prescrivent pas, il est vrai, un acte authentique, mais ils ne l'interdisent pas davantage.

(1) Décis. min., 10 août 1841 ; 26 juillet 1851.
(2) Req. 8 fév. 1826. D., 26. 1. 158.
(3) Cass. civ., 29 nov. 1848, D., 49. 1. 14.

Enfin les raisons, pour lesquelles le Code a entouré les donations de formalités rigoureuses, existent à l'égard d'une charge comme à l'égard d'un immeuble ou d'une créance.

Cependant il y a une formalité que l'administration a maintenue, c'est l'observation de l'article 948 C. civ. Elle exige des parties l'insertion dans le traité d'un état estimatif. (1)

II

EFFETS DE LA DONATION

A. *Irrévocabilité.*

La règle *donner et retenir ne vaut* s'applique aux donations d'offices comme aux donations ordinaires. Il est vrai que le donateur, après avoir promis gratuitement de donner sa démission en faveur du donataire, peut refuser de se démettre, car on ne saurait le contraindre à un fait personnel, mais son refus de démissionner l'exposerait à des dommages-intérêts.

(1) Cette estimation est exigée en vue du rapport, auquel peut être obligé l'héritier donataire de l'office vis-à-vis de la succession. Le rapport, quand il a lieu, se fait, non pas en nature, mais de la somme que valait l'office au moment de la donation. Il est dû, alors même que l'office aurait été supprimé — le rapport de l'indemnité ne suffirait pas — ; alors même que l'héritier aurait perdu l'office par suite de la destitution. V. Durand, Offices, nos 313 et suiv. — Rennes, 10 déc. 1823, Dall., Rép., V° Office, n° 369.

De ce que la donation d'office peut se ramener à une promesse gratuite de démission, c'est-à-dire à une obligation de faire, la jurisprudence a tiré une conséquence importante au point de vue des obligations qui naissent du contrat de donation. Elle a déclaré que la donation ne transférait pas au donataire un droit réel sur l'office. Une application de cette théorie a été faite dans une espèce assez intéressante. Il s'agissait de savoir si le donataire d'un office, dont le titulaire était décédé sans avoir présenté celui qu'il avait gratifié de sa charge, pouvait venir réclamer à la succession la valeur vénale de l'office, comme chose lui appartenant. La Cour de Nîmes avait admise l'existence du droit réel. La Cour de Cassation cassa l'arrêt de la Cour de Nîmes, et déclara que le prix faisait partie du patrimoine du promettant, et était par suite le gage de ses créanciers. (1) Le donataire, n'ayant qu'un droit personnel, n'était qu'un simple créancier, et ne pouvait venir qu'au marc le franc, sur les biens du donateur, avec les autres créanciers,

B. *Droit de retour.*

Une clause de retour stipulée dans un contrat de donation ne serait pas admise par la Chancellerie (2).

(1) Cass. civ. 11 nov. 1857, D., 57. 1. 417.
(2) Décis. min., 13 juin 1835.

Elle ne pourrait donc qu'intervenir secrètement entre le donateur et le donataire, auquel cas elle serait déclarée nulle comme contre-lettre (1).

Mais si la clause de retour était stipulée de manière à n'attribuer au donateur qu'une créance opposable seulement au donataire ou à ses héritiers, et n'ayant pour objet que le prix à provenir de l'exercice du droit de présentation, cette réserve serait parfaitement valable. Cette stipulation n'apporterait en effet aucune entrave à l'application des règles de la transmission du titre, le titulaire, ses héritiers ou ayants cause conservant l'exercice indépendant de leur droit de présentation, et les cessionnaires ultérieurs de l'office ne pouvant être inquiétés par un simple droit personnel qui ne lie que le donataire (2).

C. *Exception à la règle de l'irrévocabilité des donations entre-vifs.*

La cession à titre gratuit d'un office est soumise aux trois causes de révocation reconnues par le droit commun : inexécution des conditions, ingratitude, survenance d'enfants (art. 953 C. civil).

(1) La clause avait d'abord été déclarée valable par le tribunal de Nîmes (23 août 1854). La cour d'appel l'invalida comme contre-lettre. (Nîmes, 20 mars 1855 ; Req., 27 nov. 1855, D., 56. 1. 28).

(2) Trib. Nîmes, 15 nov. 1854, D., 55. 5. 298. Ce jugement a pourtant été infirmé sur l'appel (D., 56. 1. 38).

Dans ces trois cas, l'objet donné rentre dans les mains du donateur, quand il s'agit de toute autre chose que d'un office, et si la cause de révocation est l'inexécution des charges ou la survenance d'enfants, le donateur peut exercer ses droits contre les ayants cause du donataire comme à l'égard du donataire lui-même. La nature particulière de l'office impose à ces règles quelques transformations. Il est évident que le titulaire donataire, une fois investi du droit de présentation ne peut pas en être privé contre son gré. Si donc, la cause de révocation étant survenue, il refuse de rétrocéder l'étude, il y aura lieu de le condamner à des dommages-intérêts. (1) C'est une nouvelle conséquence du principe, dont nous avons vu précédemment une application dans l'arrêt précité du 11 novembre 1857.

On discute la question de savoir si, l'action une fois ouverte, la créance pourrait être aussitôt exigible. Certains auteurs, (2) entraînés vraisemblablement par l'esprit de la jurisprudence en matière d'offices, ajournent l'exercice de l'action au moment du décès ou de la démission du titulaire. Il ne faut pas, à leur avis, que rien puisse être fait pour

(1) Durand, Offices, n° 273.
(2) Perriquet, Offic., n° 432.
Dall., Rép., V° Offic., n° 382.

contraindre directement ou indirectement le titulaire à se démettre. Il nous semble que c'est pousser à l'extrême le respect scrupuleux de la personnalité du droit du titulaire.

Si, au moment de la révocation, le donataire a déjà transmis à un autre le droit de présentation, une nouvelle difficulté se présente. Il est certain que le donateur ne peut avoir contre le tiers cessionnaire plus de droits que contre le donataire lui-même, et que l'office restera entre les mains de son possesseur. Mais pourra-t-il demander à ce titulaire une indemnité ? Nous ne le pensons pas. La donation d'un office n'est pas, comme une donation immobilière, soumise à la transcription, et le tiers n'est donc pas en faute d'avoir ignoré que le cédant n'était pas propriétaire incommutable. D'autre part, l'office étant un meuble, le cessionnaire de bonne foi pourrait lui opposer l'article 2279 C. civ. —

TITRE III

CONVENTIONS D'INTÉRIM

Sous ce nom sont groupées un certain nombre de conventions, d'un grand intérêt pratique, qui, quoique empruntées à diverses formes de contrats, peuvent être étudiées ensemble à cause de la similitude des besoins auxquels elles répondent.

Pour essayer d'en donner une définition générale, on peut dire que la convention d'intérim est un contrat par lequel un office est cédé à une personne, qui en remplit les fonctions, à charge par elle de le restituer, au bout d'un certain temps, à une autre personne dont il a été fait désignation.

Comme exemples de ces conventions qui, malgré toute leur utilité, ne peuvent arriver à obtenir la protection qu'elles méritent ni des tribunaux, ni surtout de la Chancellerie, M. Wahl cite les espèces suivantes (1). « Un officier ministériel, un notaire si l'on veut, atteint d'une grave maladie qui l'empêche momentanément de remplir ses fonctions, veut, jusqu'à son rétablissement, confier la gestion de son étude à un autre notaire, soit à titre de louage d'ouvrage (c'est-à-dire moyennant un salaire fixe ou proportionnel aux bénéfices, mais en gardant le titre et la responsabilité de ses fonctions), soit à titre de vente et avec faculté de rachat après le rétablissement de sa santé. Un officier public, obligé d'abandonner définitivement sa charge, et désireux de la remettre à son fils, qui n'a pas encore atteint les conditions d'âge ou de stage nécessaires, stipule de son cessionnaire qu'après la disparition de ces obstacles, l'étude sera transmise à son fils. Un majeur, ou le père d'un mineur, qui n'a pas encore satisfait aux mêmes conditions stipule du titulaire d'un office que celui-ci rétrocédera sa charge, soit au stipulant, soit à son fils mineur, quand les conditions susdites existeront. » Il suffit d'indiquer ces quelques hypothèses, qui se réalisent fréquemment dans la pratique, pour que l'on apprécie tout l'intérêt de la question.

L'ancien droit connaissait la convention d'intérim,

(1) Wahl, note dans Sirey, sous arrêts Grenoble, 11 déc. 1891 Riom, 9 juillet 1892, S., 94. 2. 289.

qui portait alors le nom de *confidence* (1). L'intérimaire s'appelait *confidenciaire*. La validité de ces « *résignations confidentielles* » n'était pas discutée. Mais il n'y a pas lieu de s'en étonner, si l'on compare la nature des offices, telle qu'elle existait avant la Révolution, avec ce qu'elle est devenue depuis la loi du 28 avril 1816. Aujourd'hui, la confidence apparait à beaucoup comme un vestige de l'ancienne vénalité qu'il faut bien se garder de restaurer. La Chancellerie la proscrit irrémissiblement des traités soumis à son agrément, et la décrète avec énergie de violation de l'ordre public (2). Les tribunaux qui, en matière d'offices, ne cherchent plus les règles de leurs décisions que dans les circulaires ministérielles, et se font une religion de les sanctionner fidèlement, refusent d'accorder aucune action à ceux qui se réclament d'une clause d'intérim. Quant aux auteurs, qui sont très sobres d'ailleurs de renseignements à ce

(1) Loyseau, Offices, liv. 3, ch. 18, n° 9, cité par Wahl., loc. cit.; Rolland de Villargues, Rép. du not., V° Intérim.

(2) Perriquet, Offices n° 419.

Voici comment s'exprimait M. l'avocat-général Delangle, dans une affaire d'intérim jugée à la Cour de Cassation le 20 juillet 1841 : « Ce n'est plus un notaire qui a été nommé, un fonctionnaire qui ne relève que de lui-même et des lois, ayant la liberté de ses mouvements ; c'est un commis, un employé, chaque matin comptant ses actes, payant sur chacun d'eux une contribution, et, advenant une certaine époque, il faudra qu'il vide les lieux ! Et ce ne serait pas là une audacieuse violation des conditions du notariat!..»

sujet, ils paraissent pour la plupart enregistrer sans contestation la théorie de la Chancellerie et de la jurisprudence. Il serait pourtant préférable, ainsi que l'a fait M. Wahl, de se rendre compte de la valeur des raisons sur lesquelles est motivée cette répudiation unanime.

M. Wahl pose la question de la manière suivante. Comme la Chancellerie rejette indistinctement toutes les clauses d'intérim, elles ne peuvent trouver refuge que dans une contre-lettre. Or, seules les contre-lettres contraires à l'ordre public sont frappées de nullité. La contre-lettre stipulant une clause d'intérim ne pourra donc être déclarée nulle, qu'autant qu'elle recevra un caractère illicite de la stipulation d'intérim qu'elle contient.

Passons en revue les diverses espèces citées précédemment, et commençons par la *convention d'intérim réalisée sous la forme d'un contrat de gérance ou de louage d'ouvrage*. Quel est le caractère d'un pareil contrat?

La Cour de Grenoble, devant laquelle la question s'est présentée (1), a jugé ce contrat illicite, parce qu'il portait « atteinte à la décision présidentielle », qui a nommé titulaire d'une fonction une personne

(1) Grenoble, 11 déc. 1891. S., 94. 2. 289.

qui, en réalité, n'en est que le gérant. Mais M. Wahl, tout en approuvant la décision de la Cour de Grenoble, repousse la raison qui la motive. D'après lui, ce n'est pas l'infraction aux conditions exigées par la Chancellerie qui peut constituer le caractère illicite de la convention. Ce ne sont pas non plus les raisons de fait, mentionnées dans l'arrêt, qui pourraient justifier la nullité du contrat. Loin d'être « contraire à la dignité du notariat », une pareille stipulation mériterait d'être autorisée par la législation. Le contrat de gérance est illicite en ce qu'il est contraire au texte formel de l'article 91.

L'article 91, en fait de contrats relatifs aux offices ministériels, ne permet que « celui par lequel l'officier présente son *successeur*, c'est-à-dire sollicite l'investiture d'un tiers comme titulaire de l'office, et demande à perdre entièrement, au profit de ce tiers, sa qualité avec les droits et les charges qui en résultent (1). »

2° *Un officier public peut-il céder sa charge en se réservant le droit de la racheter ?*

Au sujet de ce contrat, M. Perriquet (2) déclare que c'est « un usage absolument inacceptable chez nous, puisque la démission doit être volontaire, et

(1) Wahl, note déjà citée.
(2) Perriquet, Offices, n° 419.

répugne à toute espèce de modalités ». M. Wahl fait observer d'abord que la démission du cessionnaire soumis à la faculté de rachat reste libre, et que par suite l'argument de M. Perriquet est inexact en fait. Il est de plus mal fondé en droit, puisqu'il arrive que la Chancellerie impose parfois à des titulaires de se démettre de leurs fonctions. Et puis, en quoi la démission répugne-t-elle à toute sorte de modalités ! Le cessionnaire ne peut, en effet, imposer ses conditions à l'Etat et se réserver de reprendre ses fonctions quand il le voudra. Mais ce n'est pas la question. Il s'agit de savoir si le cédant peut exiger que l'acquéreur à son tour donne plus tard sa démission, et sollicite l'agrément du Gouvernement en faveur de son vendeur. Or une telle stipulation ne paraît point si contraire aux règles de nos offices.

Quant à objecter que cette cession à terme, moyennant un prix fixé d'avance, induira le titulaire « à apporter dans l'exercice de ses fonctions moins de zèle et de régularité », cet argument ne peut être invoqué ici. On oublie que le prix d'un office est fixé par le ministre de la justice d'après la moyenne des cinq dernières années, et que par conséquent, plus l'acquéreur cherchera à augmenter sa clientèle et à développer ses affaires, plus élevé sera le prix du rachat.

La jurisprudence n'a pas encore eu à se prononcer sur cette question, mais il est à prévoir que la solution qu'elle lui appliquerait serait celle de la nullité.

3° *L'acquéreur d'un office peut-il s'engager à le rétrocéder à une personne désignée par le cédant, lorsque cette personne réunira les conditions légales d'âge et de stage ?*

Tel serait le cas où un père, obligé d'abandonner prématurément son étude, veut, en la cédant, en assurer la rétrocession à son fils, lorsque celui-ci se trouvera posséder les qualités exigées pour la nomination.

Pendant longtemps on a permis aux titulaires, qui voulaient faire une pareille convention, d'insérer dans leurs traités une clause par laquelle ils désignaient un intérimaire, obligé à la restitution pour le moment où le résignataire justifierait des qualités requises. Une décision ministérielle avait même reconnu que cette pratique était bien fondée (1).

Plusieurs décisions judiciaires avaient reconnu la validité de cette clause, qui ne présentait rien de contraire aux principes généraux du droit (2).

(1) Décis. min. 11 juillet 1836.
(2) Colmar, 3 janv. 1826, Dall., Rép., V° Office, n° 158 ; Aix, 4 déc. 1840, Dall., Rép., V° Notaire, n° 785 ; Amiens, 6 janv. 1842, Dall., 42. 2. 41 ; trib. St Gaudens, 30 mars 1846, Dall., 47. 3. 110.

La Chancellerie aujourd'hui interdit la stipulation d'une pareille clause dans les traités. La jurisprudence, déniant tout effet aux clauses non contenues dans le traité soumis à l'administration, la déclare, de son côté, illicite et nulle (1).

La validité de cette convention pourrait aussi être contestée, à titre de cession prématurée. Cette face de la question a été examinée, lorsque nous avons étudié les conditions de capacité du cessionnaire. Nous n'y reviendrons pas. Aux raisons qui ont été alors exposées, M. Wahl ajoute l'observation suivante : « On ne comprendrait pas, dit-il, qu'un majeur de 21 ans, qui a une pleine capacité pour faire les actes les plus préjudiciables à son patrimoine, les donations par exemple, ne fût pas apte à acheter un office ». En conséquence il se prononce pour la validité.

Les conventions qui viennent d'être examinées sont toutes accessoires à un traité de cession soumis à l'approbation du Chef de l'Etat, et se trouvent contenues dans des actes secrets que les parties passent entre elles. On peut concevoir une convention d'intérim principale et indépendante de tout autre contrat. Si elle n'est pas accompagnée d'un contrat

(1) Caen, 20 mars 1849. S., 1849. 2. 700.

de gérance, et si elle constitue simplement une promesse de vente et d'acheter, elle doit être déclarée valable. Telle serait la convention par laquelle un titulaire s'engagerait à transmettre son office à un tiers qui ne remplit pas encore les conditions d'âge et de capacité.

Si nous envisageons d'abord le cas où un majeur, n'ayant pas encore la capacité requise pour se faire nommer à une charge, stipule d'un titulaire que celui-ci lui cédera son office, dès que les conditions requises pour la nomination se trouveront réunies, nous rentrons dans une hypothèse déjà rencontrée au moment où nous avons étudié la capacité du cessionnaire, et à laquelle il convient d'appliquer la solution déjà donnée.

Si nous supposons le cas où un père trouvant l'occasion d'acquérir un office pour son fils trop jeune, le fait mettre au nom d'un tiers, puis stipule de celui-ci une rétrocession devant être faite en temps opportun, nous n'apportons à l'espèce précédente qu'une modification de détail, dont l'adjonction ne peut justifier une solution différente (1).

M. Perriquet objecte que celui à qui est faite la promesse de cession, n'ayant pas lui-même cédé la

(1) Perriquet, op. et loc. cit.

charge au promettant n'a pu se réserver le droit d'acheter. Mais, selon la réponse que M. Wahl fait à cette objection, la promesse de vente avec faculté de rachat serait-elle donc le seul mode de promesse de vente autorisé par le droit commun ?

La jurisprudence avait d'abord validé cette dernière espèce de convention d'intérim (1), puis elle avait abandonné cette doctrine (2). Elle y est revenue dans un arrêt récent, qui a sanctionné la théorie de la validité (3).

Les conséquences des doctrines que nous venons de comparer sont aisées à déduire. Si l'on admet la nullité de la convention d'intérim, cette convention ne pourra produire aucun effet, et la clause pénale qui aurait été stipulée pour en garantir l'exécution, sera donc nulle.

Si la convention est valable au contraire, sa validité entraînera celle du dédit mis à la charge de la partie infidèle à ses engagements (4).

Quelle est l'influence de la nullité de la clause accessoire d'intérim sur le contrat qui la renferme ?

(1) Colmar, 3 janv. 1826, P. chr.; Aix, 4 déc. 1840, précité; Orléans, 31 janv. 1846, S., 1847. 2. 470.
(2) Bordeaux, 16 mai 1867, S., 67. 2. 260.
(3) Riom, 9 juill. 1892, S., 94. 2. 289.
(4) V. Bordeaux, 16 mai 1867, précité.

La Cour de Grenoble a décidé que la nullité de la clause accessoire d'intérim entraîne la nullité du contrat dans lequel elle se trouve (1). Mais M. Wahl fait observer que le motif sur lequel elle se fonde n'est pas admissible. Le contrat tout entier doit être déclaré nul, dit-elle, parce que le contrat est indivisible, et que cette indivisibilité doit entraîner une dérogation au principe que les conditions illicites sont réputées non écrites. La Cour de Grenoble oublie que la règle, à l'égard des conventions à titre onéreux, est que toute condition d'une chose impossible, ou contraire aux bonnes mœurs, ou prohibée par la loi, est nulle, et rend nulle la convention qui en dépend. Art. 1172. C. Civ.

Il serait à souhaiter que l'arrêt de la Cour de Riom détermine une jurisprudence plus favorable aux conventions d'intérim, qui sont si utiles aux officiers ministériels, et dont l'intérêt général ne pourrait que tirer profit.

(1) Grenoble, 1 déc. 1891. S., 94. 2. 289.

TITRE IV

—

SOCIÉTÉ

—

I

Une société peut-elle être formée entre plusieurs personnes pour fournir le prix d'un office acquis par l'une d'elles, en supporter les charges en commun et s'en partager les bénéfices ?

Il ne saurait être question de mettre en commun la fonction publique elle-même, ni la faculté de présentation qui sont personnelles au titulaire. Mais les produits de l'etude, mais sa valeur vénale pourraient être mis en société.

Dans l'ancien droit, des associations de ce genre se pratiquaient. Loyseau ne faisait pas difficulté de les admettre (1). Quelles raisons de rejeter de nos jours

(1) Loyseau, Offices, L. III, ch. 10, n° 10.

cet usage autrefois reconnu ? Certains auteurs (1) modernes ont soutenu que ces associations n'avaient rien de contraire à l'ordre public, et qu'aucune loi n'en portait prohibition.

Un office ne peut-il être la propriété de plusieurs comme d'un seul ? Il arrive qu'un office soit en communauté, s'il a été acquis pendant le mariage. Lorsque l'officier meurt dans l'exercice de sa charge, la valeur pécuniaire de l'office se partage entre tous ses héritiers, le droit de présentation leur appartient en commun. Plusieurs doivent donc pouvoir créer ce que plusieurs peuvent involontairement subir.

Sans doute, mais entre l'association et l'indivision il y a quelques différences. Les héritiers n'exploitent pas collectivement ou par l'un d'eux l'office de leur auteur. Leur indivision n'est qu'une nécessité provisoire et ne dure que le délai suffisant pour qu'ils puissent exercer le droit de présentation trouvé dans la succession. Quant à la femme, si elle profite de la moitié des bénéfices ou de la valeur de l'étude de son mari, c'est bien indirectement, et sans qu'elle ait jamais le droit d'exercer aucun contrôle sur l'exercice ministériel de son conjoint. Ce qui est une conséquence des principes du droit de succession ou du régime de

(1) Dard, Offices, n° 3?8 ; Mollot, Bourses de Com., n° 284 ; Bioche, Dict. Procéd., V° Office ; J[al] Avoués, t. 48, p 19.

communauté ne présente donc qu'une similitude de situation incomplète avec les résultats plus compliqués d'un contrat de société.

C'est uniquement pour des raisons d'ordre public que l'on conteste la validité d'une société portant sur un office (1). Si l'association était permise pour exploiter les profits d'une étude, « l'esprit mercantile et la cupidité, comme dit Troplong, prendraient vite la place des sentiments de délicatesse, de probité, de devoir qui sont nécessaires à l'exercice de toute fonction publique . » Les co-associés, n'ayant en vue que les bénéfices à réaliser, pousseraient à des pratiques préjudiciables au public, à l'exagération des mémoires, à la multiplicité des actes frustratoires, à des perceptions d'émoluments illicites. Le titulaire, dominé par des associés trop intéressés, perdrait toute indépendance, toute moralité. L'institution risquerait de dégénérer en une vulgaire profession commerciale. Ces considérations ont paru décisives. Il est assez inutile, après elles, de relever les autres arguments des partisans de la nullité des sociétés d'offices.

La jurisprudence a adopté la manière de voir de MM. Duvergier et Troplong. Un récent arrêt vient

(1) Duvergier, t. 2?, n° 59. Troplong, Société, t. 1, n° 99 ; Roll. de Vill., Jurisprud. notariale, V° Office.

encore de confirmer la jurisprudence précédente dans le sens de la nullité (1).

L'espèce en est assez curieuse pour être citée. Un notaire, en se mariant avec la fille de son prédécesseur, avait établi une société d'acquêts par quarts entre lui, sa future femme et ses beaux-parents, de telle sorte que les produits de l'office devaient se partager entre l'ancien et le nouveau titulaire. Malgré tout l'intérêt que pouvait présenter cette association familiale, la nullité de cette convention fut prononcée, la propriété des revenus de l'office déclarée être celle exclusive du notaire en exercice, sans qu'il y eut lieu de procéder à une liquidation de la société qui avait existé en fait pendant plusieurs années.

La nullité de toute association en matière d'offices, entraîne d'autres conséquences.

On a considéré comme illicite l'association formée entre officiers ministériels pour mettre leurs honoraires en commun (2).

La jurisprudence a aussi déclaré nulle la convention, par laquelle le cédant d'une étude stipule au lieu de prix le partage des produits de l'office avec le cessionnaire (3).

(1) D. P. 1898. 2. 84 (4e fascicule)

(2) Dernier arrêt : D. P. 1893, 2. 174; V. en outre D. A., V° Offic. n° 362; D. A., V° Huiss., n° 128; D. A., V° Comm. pris., n° 50; Durand, n° 288.

(3) D. A. V°, Société, n° 154 ; D. P. 1879. 1. 8.

Cependant ne serait pas annulé comme ayant une cause illicite, le traité entre le cédant d'un office et son successeur pour le partage des produits de l'étude, pendant un temps déterminé, en représentation du prix de cession (1).

La convention par laquelle un officier ministériel rémunérerait le service de son clerc en lui donnant une part dans les bénéfices, serait aussi valable (2).

Les raisons données par la jurisprudence, pour justifier la contrariété des sanctions qu'elle applique aux hypothèses, dont nous venons d'indiquer des exemples, ne sont pas exemptes de critique.

Pourquoi les tribunaux voient-ils dans les cessions, dont le prix consiste dans le partage des produits de la charge, tantôt une société et tantôt une convention où ne se rencontre pas le fait caractéristique de l'association, et dont la cause est parfaitement licite. En vérité, on ne peut jamais les considérer comme des sociétés. Une société suppose que les associés contribuent aux pertes, de même qu'ils se partagent les gains. Dans les espèces de cessions, précédemment notées, le vendeur n'entend certainement pas être responsable, vis-à-vis des clients, des dilapidations de son successeur. La jurisprudence, dans les cas

(2) Toulouse, 14 nov. 1835, D. Rép., V° Société, n° 167.
(3) D. Rép., V° Soc., n° 168.

où elle prononce la nullité, en donne aussi pour motif qu'il est impossible de tolérer que le vendeur ait le droit de s'immiscer dans la gestion. Mais le partage des bénéfices n'implique pas le droit d'immixtion, qui n'appartient qu'aux associés. Le cédant est comme un employé rétribué au moyen d'une part dans les bénéfices, et cet employé n'a aucun droit d'immixtion. La distinction faite par la jurisprudence est donc un peu subtile. Qu'importe que la stipulation d'un prélèvement des bénéfices soit l'objet principal du contrat ou représente uniquement le prix de cession de la clientèle, qu'elle soit même une condition accessoire de la cession ou la rémunération d'un patronage, que le cédant promet de fournir au cessionnaire auprès des clients de l'étude (1). Nous venons de montrer que ces conventions ne constituaient pas des sociétés et ne comportaient pas le droit d'immixtion, qu'on paraît tant redouter.

Il convient aussi de s'expliquer au sujet de ce droit d'immixtion. Une des raisons principales pour lesquelles on annule la société, c'est, dit-on, que l'association permettrait d'exercer sur la gestion un contrôle qui nuirait à l'indépendance de l'officier public et au secret professionnel. Mais, de deux choses

(1) Civ. rej. 23 juin 1868, D. P. 68. 1. 452.

l'une, ou l'associé se trouverait muni des diplômes nécessaires pour l'exercice de la fonction, et alors pourquoi ne pourrait-il être l'associé d'un officier public ; ou bien il ne posséderait pas les diplômes requis, et alors tout acte de gestion lui serait interdit.

Une exception à la règle prohibitive de l'association en matière d'offices, a cependant été faite en faveur des charges d'agents de change. La loi des 2-4 juillet 1862 a autorisé les agents de change à s'adjoindre des bailleurs de fonds, qui participent aux bénéfices et aux pertes résultant de l'exploitation de l'office. Le prix de ces offices est tellement élevé, à Paris surtout, qu'il n'y a qu'une association qui puisse le fournir. Telle est la raison qu'en donne l'exposé des motifs. Toutefois ces sociétés ne sont permises que pour les offices existant auprès des bourses pourvues d'un parquet.

L'article 75 C. comm. indique les conditions auxquelles est sarbordonnée la validité de ces sociétés (1).

Quant à la publicité, elle est prescrite sous la sanction du droit commun (2).

(1) Les associés bailleurs de fonds ne peuvent être tenus des pertes que jusqu'à concurrence des capitaux qu'ils ont engagés. — Le titulaire de l'office doit être propriétaire en son nom personnel du quart au moins de la somme représentant le prix de l'office et le montant du cautionnement. A défaut d'une de ces conditions, la société serait nulle.

(2) V. art. 75 C. com., et art. 8, décret du 1er octobre 1862. Le

Le caractère de la société d'agents de change n'a pas été déterminé par la loi. Elle a certainement une grande analogie avec la commandite (1), mais il résulte des déclarations faites par le rapporteur de la loi de 1862 au Corps législatif que toutes les règles de la commandite ne sont pas nécessairement applicables (2).

II

Voyons maintenant quels effets peut produire une société d'office dont la nullité a été prononcée.

Aux termes de 1131, C. civ., l'obligation dont la cause est illicite ne peut avoir aucun effet.

Tout d'abord une société nulle ne peut donner naissance à l'action *pro socio*. Les associés n'auront donc aucune action les uns contre les autres, ni pour

---

décret du 1er octobre 1862 (art. 3) renvoie aux art. 42 et suiv., C. com Ces dispositions visées ont été abrogées et remplacées par celles du titre IV de la loi du 27 juillet 1867.

(1) V. Lyon-Caen et Renault. Traité droit commercial, t. II, n° 458 bis. — Trib. comm. Seine, 8 avril 1891, *la Loi*, n° des 19-20 avr. 1891.

(2) « Sans doute cette société ne rentre pas dans le cadre de trois ou quatre sociétés définies ou réglées par le Code de Commerce. Mais la loi peut toujours, suivant le besoin, créer des sociétés nouvelles ; celle ci sera une société *sui generis spéciale pour un objet spécial*. Elle aura ses règles propres qui seront avouées par la raison et l'expérience ». Rapport de la loi de 1862 au Corps législatif.

se contraindre au versement de leurs mises, ni pour se rendre communs soit les bénéfices, soit les pertes. *Nulla doli communicatio est.*

La société illicite ne donne pas non plus aux tiers une action contre les contractants, qui se fonderait sur le contrat de cette société.

Mais supposons l'exécution pendant un certain temps de ce contrat illégal.

Le versement a été opéré. Donnera-t-il lieu à répétition ? Si la société avait eu un objet vraiment criminel, la répétition ne devrait pas être admise. *In turpi causa, melior est causa possidentis.*

S'il y a eu déjà répartition de bénéfices ou de pertes, dans une société illicite, il est aussi de règle que les associés ne peuvent plus exercer les uns contre les autres aucune répétition pour cette cause. L'effet de la nullité est d'interdire aux parties toute action réciproque en reddition des comptes résultant de la société, et en répétition de sommes payées en vertu de comptes réglés (1).

Faut-il appliquer cette doctrine à l'association formée pour l'exploitation d'un office ?

D'abord pour le versement. Il a été la conséquence du contrat. Seulement comme la société n'a pas un

(1). D. P. 54, 2. 149.

caractère vraiment immoral et contraire à l'ordre public, — les jurisconsultes sont même en désaccord à ce sujet, — ce n'est point le cas d'appliquer la règle *In turpi causa*. Celui qui a versé les fonds peut être de très bonne foi. Du reste il n'invoque pas la convention qui n'a pu exister Comme dit Duvergier, il se fonde seulement sur le fait de la remise. Nul ne doit s'enrichir aux dépens d'autrui. Celui qui a reçu les fonds les détient sans droit ; il s'en est enrichi Il doit donc les restituer. On peut au moins considérer celui qui a versé les fonds comme un prêteur ou bailleur de fonds, sinon comme un associé ; à titre de prêteur, il doit être remboursé.

La société n'ayant pu avoir d'existence, le titulaire a droit à l'intégralité des produits de l'office ; il pourra donc se faire restituer ce qu'il aura payé à ses associés, malgré les règlements qui ont pu être passés. Le non-titulaire n'a pas droit aux parts de bénéfices qu'il a reçues. Il a été jugé cependant que la nullité de la société avait pour effet d'interdire aux parties toute action réciproque en reddition de comptes et en répétition de sommes payées. Il faut approuver cet arrêt en ce qu'il refuse l'action en reddition de comptes, mais non en ce qu'il déclare non recevable l'action en répétition de sommes payées.

Tout en admettant la nullité de la société, ne faut-il pas lui reconnaître une existence de fait ? Nul ne doit s'enrichir aux dépens d'autrui. Mais quelle liquidation doit s'effectuer quand, en fait, la société a fonctionné plus ou moins longtemps.

Un arrêt de Cassation (1) déclare que la liquidation et le partage de l'actif et du passif de la communauté de fait qui a existé antérieurement à l'annulation, peuvent avoir lieu d'après les bases établies par l'acte de société annulé, les juges étant libres de rechercher dans cet acte l'intention des parties et l'origine des capitaux communs, pour en induire, comme résultat équitable des constatations auxquelles ils se sont livrés, de quelle manière et dans quelle proportion devront être répartis les profits et les pertes de l'association. Cet arrêt permet donc de prendre pour base de la liquidation le pacte social illicite. — La Cour de Rennes a rendu une décision moins contestable (2). Elle se borne à dire que la liquidation doit être faite *ex æquo et bono*.

Cependant faut-il traiter les associés comme tels ou comme créanciers ?

La Cour de Paris et la Cour de cassation (3)

(1) D. 62. 1. 338.
(2) D. 1893. 2. 174.
(3) Arrêts 11 juill. 1836 et 24 août 1841, D., Rép., V° Société, n° 178.

paraissent les avoir traités à la fois comme créanciers et comme associés. De deux choses l'une pourtant, ou la société est valable ou elle est nulle. Si elle est valable, les associés doivent supporter leur part de pertes, mais conséquemment ils sont co-propriétaires du fonds social, et doivent entrer en partage avec le titulaire, à l'exclusion des créanciers personnels de celui-ci. Si elle est nulle, les associés ne sont que de simples créanciers, ils doivent venir, pour leur mise, en concurrence avec les autres créanciers du titulaire, et ils ne doivent supporter aucune part des dettes.

CONCLUSION

Tels sont les contrats dont les offices ministériels sont habiles à devenir l'objet. Nous venons de voir que si la vente et la donation sont admises sans difficulté par l'administration et la jurisprudence, les conventions d'intérim et de société ne jouissaient pas auprès de la Chancellerie et des tribunaux du même crédit. Les conventions d'intérim nous ont fourni l'occasion de rechercher si les offices ministériels pouvaient s'ajuster aux règles du louage, de la gérance, de la vente à réméré. Si nous avons passé sous silence les autres contrats du Droit civil, c'est que les offices dont nous nous sommes occupé refusent de s'y accommoder. Le gage, par exemple, serait inconciliable avec le caractère personnel du droit de présentation, car il ne pourrait aboutir pour le créancier non payé qu'à la vente aux enchères qui lui est précisément interdite(1). En résumé, en dehors de la cession à titre gratuit et de la société d'agents de change, la Chancellerie et la jurisprudence ne reconnaissent que la vente.

Quant aux effets de ce contrat, au lieu de les laisser se dérouler aussi largement que possible, selon les règles du droit commun, les tribunaux comme les bureaux de la justice se sont au contraire efforcés d'en restreindre le développement.

Leur système étroit a réuni en général l'approbation des auteurs, qui d'ordinaire se sont bornés, dans leurs ouvrages, à dégager de la jurisprudence et des décisions ministérielles les principes relatifs au droit des offices, qui s'y trouvaient contenus

La situation légale faite aux offices par l'article 91 de la loi du 28 avril 1816 n'est assurément pas exempte de critiques. On a justement reproché à cet article 91 d'avoir inconsidérément posé un principe, qui n'a pas été fort avantageux pour l'État, et qui a été un

(1) Durand, Offices, n° 258; Riom, 10 fév. 1845, D. P. 45. 2. 190.

obstacle au progrès de nos institutions. Il est vrai que beaucoup de réformes intéressant la législation civile et la procédure, et dont la réalisation eût été très profitable, ont échoué devant la résistance des officiers publics, armés du droit que leur avait imprudemment accordé la loi de 1816. Il est encore exact que l'État a retiré du cautionnement en échange duquel il a consacré le droit présentation, un bénéfice nul dès l'origine, qui s'est de transformé depuis en une perte assez sensible pour le Trésor. En retour du cautionnement versé par les officiers ministériels, l'État s'oblige à leur servir un intérêt annuel de 3 0/0, alors qu'il aurait pu, en invoquant simplement l'intérêt du public, ne rien payer pour l'augmentation du fonds de garantie qu'il exigeait d'eux. Il continue aujourd'hui à servir un intérêt, qui est devenu excessif, puisqu'il trouverait certainement à emprunter à un taux inférieur.

Mais, quel que soit le sentiment qu'on puisse avoir à l'égard du principe admis par l'article 91, il faut, puisqu'il existe légalement, lui faire produire toutes les déductions juridiques qu'il comporte. Nous pensons que les conséquences qui en ont été tirées pratiquement jusqu'ici, doivent s'étendre au delà des barrières trop étroites, élevées par la Chancellerie et par la jurisprudence. Nous n'avons pu faire ressortir cette observation qu'en diverses rencontres de notre travail, mais c'est une idée qu'à notre avis, il conviendrait de généraliser au sujet du droit actuel des offices vénaux.

Vu :
Le Président de la Thèse,
ALBERT WAHL.

Vu :
Le Doyen,
LOUIS VALLAS.

VU ET PERMIS D'IMPRIMER :

Le Recteur,
J. MARGOTTET.

TABLE DES MATIÈRES

DOUAI. — IMPRIMERIE L. ET G. CRÉPIN

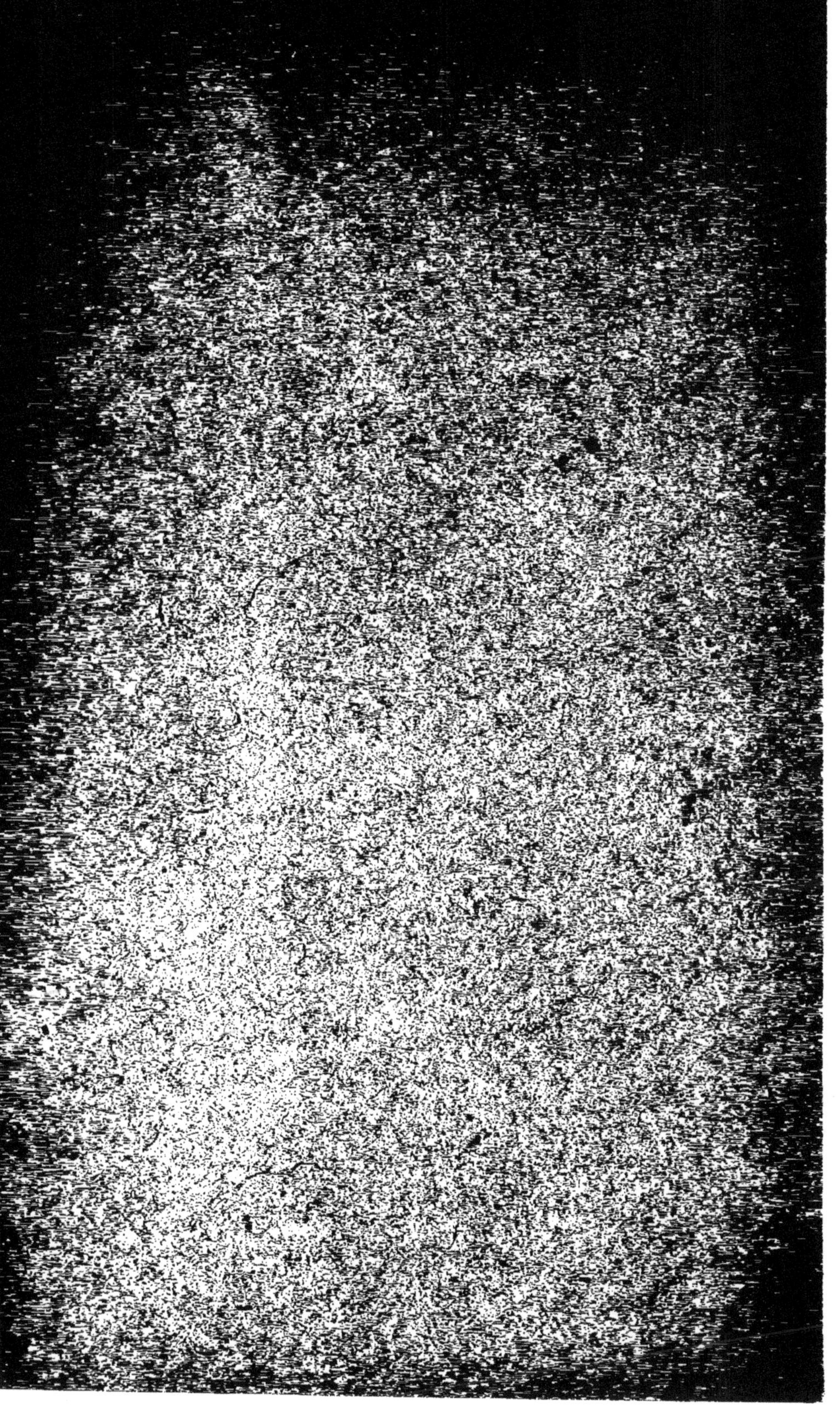

IMPRIMERIE L. CRÉPIN
PATIENTIA
DOUAI

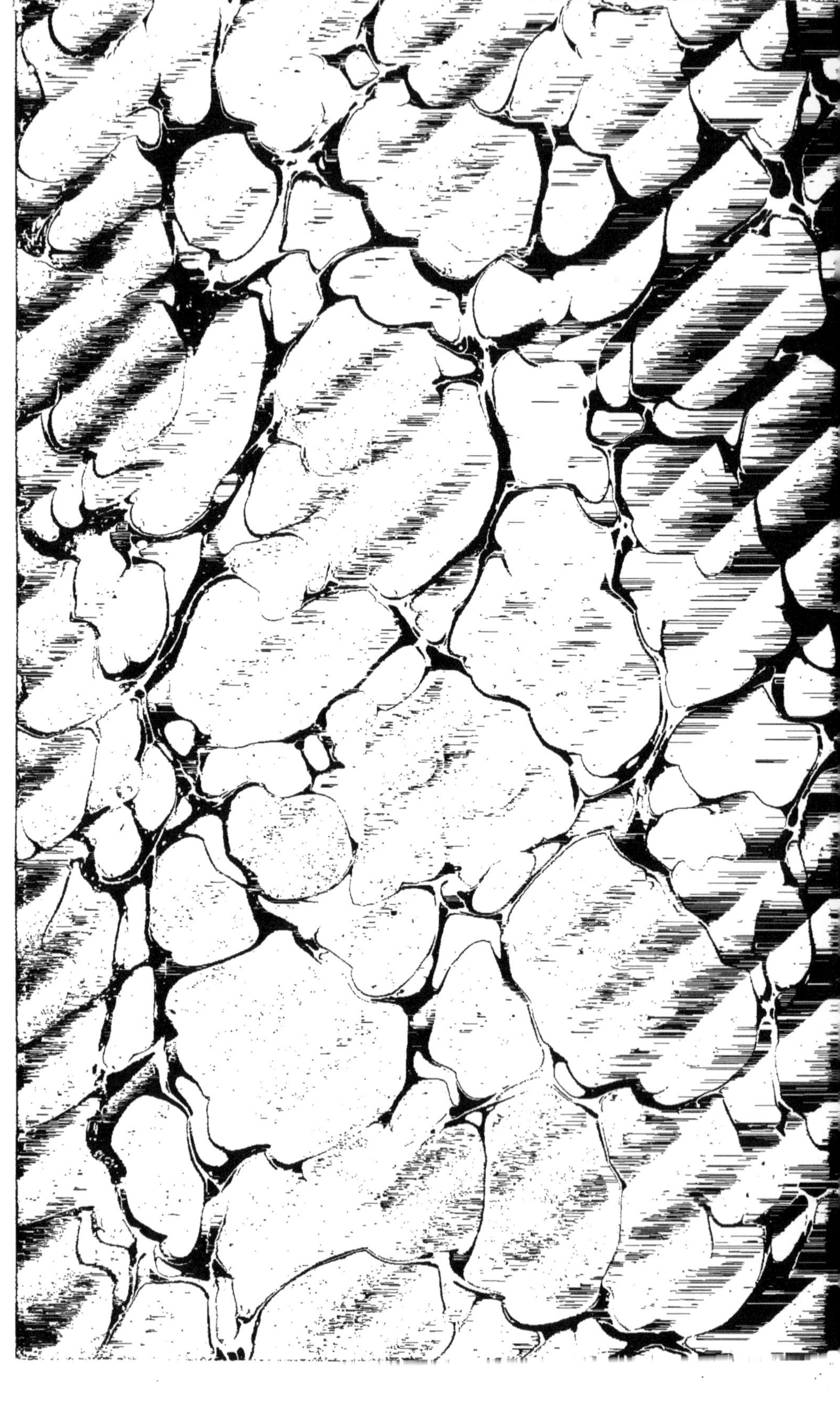

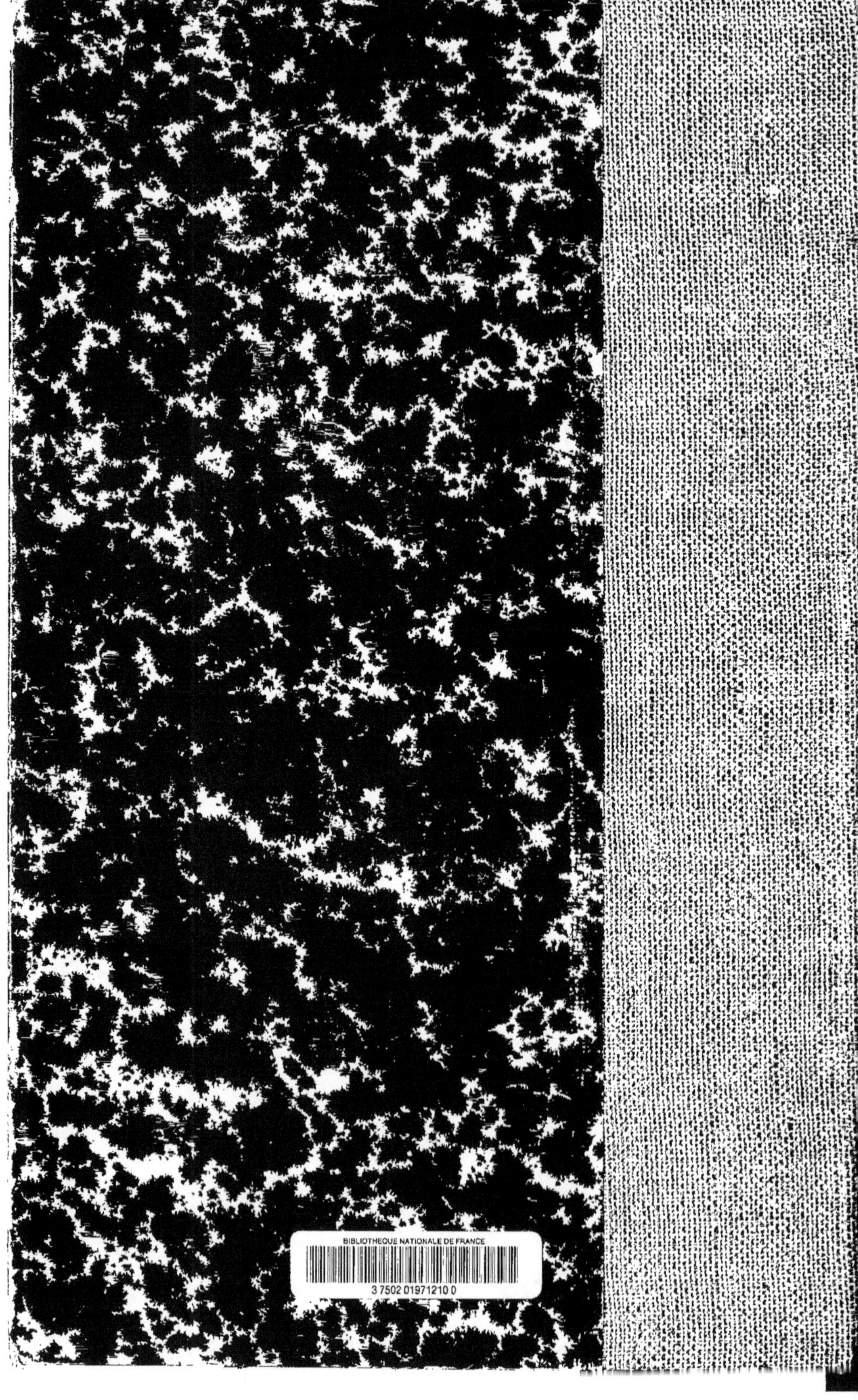

www.ingramcontent.com/pod-product-compliance
Ingram Content Group UK Ltd.
Pitfield, Milton Keynes, MK11 3LW, UK
UKHW020118200726
13856UKWH00002B/615